U0442775

BLOODY HISTORY OF PARIS

巴黎血色历史

[英]本·哈伯德 著 陈小红 译

中国友谊出版公司

目录

001
引　言

007
古代巴黎

031
中世纪

059
宗教战争

081
革命与旧制度

121
帝国与起义

149
光明与黑暗之城

177
战争与和平

207
现代巴黎

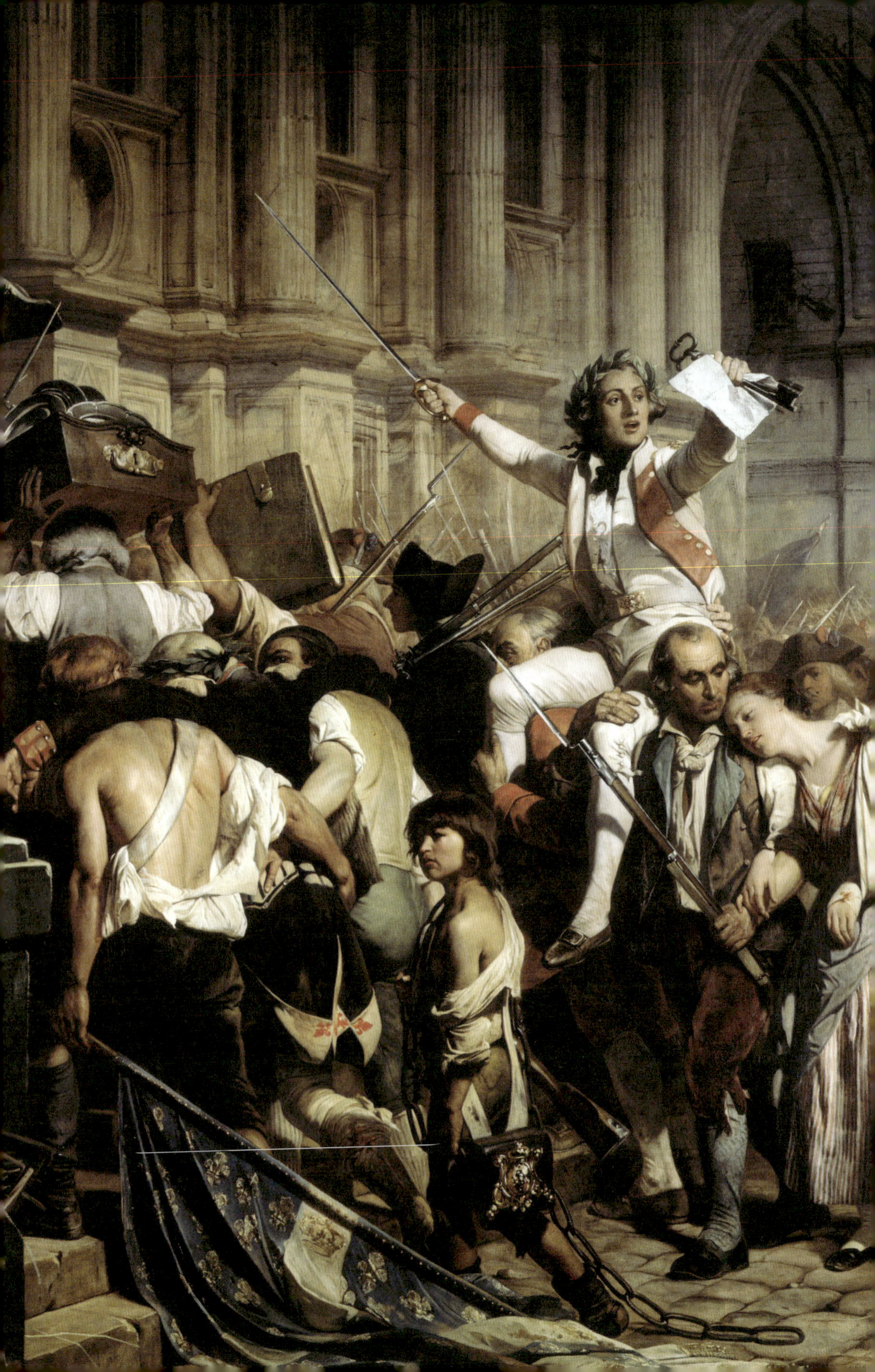

引　言

2015 年，巴黎市中心发生了一起新的恐怖袭击。当年 1 月，《查理周刊》(*Charlie Hebdo*) 员工在办公室内被恐怖分子屠杀，十个月后恐怖分子再次暴动，用冲锋枪扫射餐馆，在摇滚乐音乐会上自爆伤人。

对页图：该图展示筋疲力尽的巴士底狱占领者进入市政府。1789 年巴士底狱运动掀起了巴黎有史以来规模最大的起义：法国大革命。

巴黎经历过了几个世纪的起义和暴乱，对它而言，"街头鲜血喷溅"不是什么新闻，它一直面临着各种性质的安全威胁。包括法国本土激进分子在内的恐怖分子决心杀戮，以报复法国过去的殖民罪恶。有什么比这更能威胁到巴黎自由、平等、博爱的核心价值观呢？

自由、平等、博爱的价值观诞生于启蒙时代，在法国人民起义反抗王权时被革命恐怖背叛。在专制君主统治下，巴黎平民一直为国王奢侈腐败的生活纳税，最著名的就是凡尔赛宫，一个由国王路易十四（Louis XIV）建造的"镀金笼子"，性吸引和精致的铺张是他用来控制贵族的手段。国王路易十四以这种方式统治了72年，但他的继位者的统治结束于1789年法国大革命。断头台，或称"国家剃刀"也是在那时候为世界所知晓，大清洗政策和血腥杀戮则发端于"九月大屠杀"，在那些屠杀中，入狱的贵族和神父被分尸，随后他们的残骸被游街示众。

国王路易十六（Louis XVI）因叛国罪被处决，行刑那天早晨寒冷有雾，围观人群寂静无声。鼓声响起大刀落下时，许多人转过头去不敢观看，其他人则涌上前来用手帕蘸取王室血液，有一些人甚至尝了尝。两千多人以这种方式被处死，断头台下的地面浸透了血，官员们甚至担心水源会因此被污染。

公开处决是巴黎的古老传统。中世纪时，巴黎居民会在西堤岛（Île de la Cité，位于塞纳河中）以公开处决的方式来对付土匪、妓女和其他犯罪者。公开处决本来是一种威慑形式，但往往被视为娱乐。妓女衣服被脱光到腰部并被鞭打，窃贼被割喉，犯轻罪者脸上被烙铁印上烙印，杀人犯和强奸犯被处以绞刑，异教徒和鸡奸者被活活烧死，自杀未遂者会因为他们"违反了上帝的旨意"按教义被吊死。

中世纪时宗教恐怖渗透了巴黎社会的方方面面。宗教裁判官甚至还以同性恋、异端邪说和巫术罪名审判另一个教会机构，即十字军圣殿骑士团。很多人在脚下受烈火炙烤时承认了这些罪行。但骑士团团长雅克·德·莫莱（Jacques de Molay）在受火刑时推翻了之前认的罪，还诅咒了教皇克莱芒和国王腓力四世（Philippe IV）。不到一年，被诅咒的两人都去世了，巴黎也被新的恐惧笼罩——黑死病。

这场疫情最严重时一天死亡人数超过700人，而大家对此束手无策。医生戴着奇怪的鸟喙面具，将病人的黑疖切开，并让他们喝炼金术士调制的气味难闻的药汤。其他人认为这是上帝的惩罚，他们将城市里的猫、麻风病患者和犹太人（这些都被认为是地狱的使者）围在一起用火烧死。

16世纪天主教和新教大战时，宗教迫害又有了新的形式。据说1572年圣巴托罗缪大屠杀期间，当天主教徒将数百名新教徒的尸体抛入坑中时，附近一棵老朽的山楂树重新焕发了生机。不论圣巴托罗缪大屠杀是因宗教还是政治而杀人，结果都是一样的，那就是死亡人数越来越多。这期间，腐烂的头颅和不全的尸体堆出墓地的地表，尸横遍野。1871年，巴黎的拉雪兹神父公墓本身就是个屠杀场，许多巴黎革命者在巴黎公社社员墙前被屠杀。

在普鲁士围城时期，墓地里的白骨被饥饿的穷人挖出，被碾碎做成面粉。更富有的巴黎人则将城市动物园里的动物做成美食享用，美食包括象肉白汤、熊排和羚羊肉。穷人对富人的愤怒最终于1871年巴黎公社运动中爆发，这场运动扬言要完成由1789年革命开启的事业，但最终却将整个城市"点燃"了。

Habit des Medecins, et autres personnes qui visitent les Pestiferés, Il est de marroquin de leuant, le masque a les yeux de cristal, et un long nez rempli de parfums

上图：图为1348年致死性瘟疫暴发时"瘟疫医生"所穿的防护服。

围城和焦土政策（战争中不给敌人留下任何有用之物）是巴黎故事熟悉的主题。1590年巴黎被围城时，国王亨利四世烧了巴黎周边的农田，导致最终没有东西可以吃，这件事十分有名。相传甚广的是，他最终改信了天主教来保全首都，他当时的名言是："巴黎值得做一次天主教弥撒。"一战期间，法国政府出逃时向

跨页图：2016年8月，难民因警察暴力和缺少住所而游行示威。他们的行为只是几个世纪以来巴黎的反抗行为之一。

元帅约瑟夫-西蒙·加利埃尼（Joseph-Simon Gallieni）下达命令，指示他宁可毁了巴黎也不能让它落在普鲁士人的手里。同样，希特勒在巴黎市民武装反抗占领者时，也下令将巴黎夷为平地，幸运的是，他的将军违背了他的命令，于是巴黎再次逃过一劫。

1944年反抗纳粹党的起义是巴黎"二战"黑暗时期中的荣光一刻。数千人参

与了将巴黎城中的犹太人围起来并遣送到奥斯维辛集中营的行动。城市解放、路障拆除之后，巴黎人开始反思自己的历史，反思他们的反犹太主义和排外心理，正是这些心理导致阿尔及利亚独立战争时期的巴黎产生了新的街头暴力形式。

如今，法国殖民主义的遗留影响在巴黎随处可见，住在郊区的移民后代迷失了自我，愤世嫉俗，很快就转向使用暴力手段。2015年恐怖袭击是巴黎大屠杀的超现代形式，但暴动已经是一首巴黎老调了。在巴黎"血腥"的历史长河中，已经有成千上万人反抗过政府、教会以及王室了。所以这个故事的开始和结束一样暴力——始于高卢人反抗罗马入侵者的起义，也正是他们使这座城市有了自己的名字：巴黎西（Parisii）。

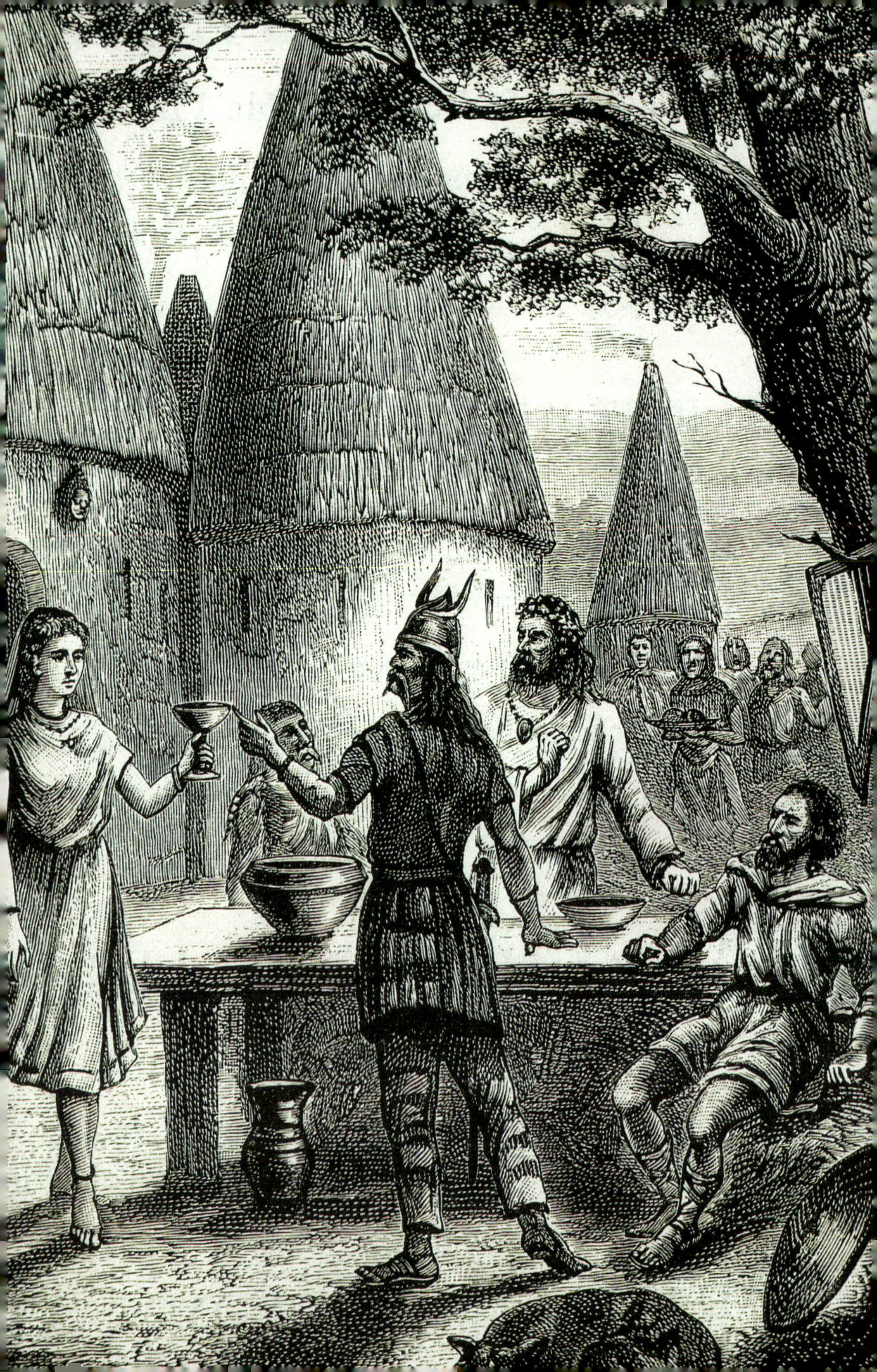

1

古代巴黎

"光明之城"始于一个小村庄,这座村庄沿塞纳河泥泞的河岸而建,满是泥泞和血腥。当时的塞纳河中遍布宜居小岛,其中之一是西堤岛(又译作西岱岛),是凯尔特人的家乡,也是他们给了这座城市名字:巴黎西。

对页图:建在西堤岛泥泞河岸的巴黎西人住所,仅仅由一些木屋和畜栏组成。

486年,苏瓦松战役爆发,作战双方分别是最后一位罗马驻高卢将领西阿格里乌斯(Syagrius)率领的高卢-罗马军队与由法兰克国王克洛维一世(ClovisⅠ)率领的法兰克军队,这是法兰克王国胜利的转折点。

巴黎西人

巴黎西人是大约60个凯尔特部落之一，这些部落被罗马人称为"毛发旺盛的高卢人"。罗马人认为高卢人粗野，因为他们头发很长，留着胡子，而且经常露出胸脯。

巴黎西人信奉很多神，而且十分迷信，比如他们担心有一天天会塌下来。古希腊地理学家斯特拉波（Strabo，约公元前64年—24年）指出，高卢人不仅"好战、斗志高昂且在战争中反应迅速"，而且热衷于为某事或针对某个共同的敌人团结起来，这一精神贯穿了巴黎历史。斯特拉波写道：

"他们的勇气部分来自他们巨大的体形，部分来自他们的数量。而他们简单直接的性格则使他们很容易大量联合起来，因为如果他们觉得自己的邻居被冤枉了，他们总是能和邻居同仇敌忾。"（斯特拉波，《地理学》，霍勒斯·伦纳德·琼斯译）①

上图：古希腊人斯特拉波指出，巴黎西人"好战，斗志高昂且在战争中反应迅速，尽管他们头脑简单，但并不是没有礼貌"。

巴黎西人之所以会被西堤岛吸引是因为他们相信塞纳河有某种魔力，能够带来好运。他们大约在公元前250年定居在西堤岛，他们向塞纳河河神祈祷，以人献祭，当看到尸体浮出肮脏的水面时以为自己被神明诅咒了。

塞纳河时常将上游经水传播的疾病和瘟疫带到巴黎西；它也同样为巴黎西人提供了繁忙的贸易通道，他们可以沿着塞纳河将自己的陶器和其他手工制品运到附近河岸上的部落去，因此塞纳河的内河航运成为巴黎西人生活中的重要部分。正因如此，罗马人入侵时做的第一件事就是建桥通往西堤岛。巴黎，这样一座有

---

① 若无特殊说明，此类引文的中文译文由本书译者提供。

着暴力革命史的城市的首义，就是反抗罗马人的血腥起义。

　　罗马人第一次突袭他们称为高卢的地方大约始于公元前 121 年。随后，罗马军团深入高卢腹地，追击不停在罗马边境骚扰的凯尔特掠夺部队。后来罗马的政策发展到入侵和占领高卢地区。公元前 54 年，统帅兼地方总督盖乌斯·尤利乌斯·恺撒（史称恺撒大帝）雄心勃勃，行军至高卢，决心将这个地区的血吸干，杀了任何胆敢挑战他的人。恺撒接下来的政治生涯中，在罗马债台高筑。这个年轻贵族的慷慨赠予和奢侈的角斗游戏（古罗马角斗竞技）为他赢得了罗马公民的喜爱和夸赞，但他已经预支了未来的收入来维持他的支出。现在，恺撒不仅需要一大笔钱，还必须成功赢得高卢战役，这样任何政敌都会再三考虑是否要阻止他获得绝对权力。最终，恺撒通过高卢之战实现了他的目标（至少暂时实现了）。高卢之战取得了一系列的胜利，但也造成了很多平民死亡，在八年高卢之战中，大约 100 万高卢人被杀。

　　也正是从恺撒的多卷本《高卢战记》中，我们第一次知道了巴黎的具体情况。巴黎西被罗马人称为鲁特西亚（Lutetia），或许是来源于拉丁语 *lutum*，意为泥土，恺撒则将其称为"巴黎西人的小镇，位于塞纳河的一个小岛上"。公元前 54 年恺撒第一次入侵巴黎西部落腹地时，巴黎西部落甚至小到构不成威胁。恺撒又快又狠地镇压了反对他的部落后，继续对付那些不断反抗的部落。

　　巴黎西人对军事不感兴趣，虽然他们是铁器时代的战士，但是他们没有能力挑战罗马帝国。恺撒的侦察兵将这个部落区分出来，认为他们不仅无害，而且有可能可以合作。恺撒也明白其中的道理：在当地有盟友之后，他能够集中精力打败那些拒绝投降的强大危险部落，比如阿维尔尼（Arverni）、卡尔努特（Carnutes）和塞农（Senones）部落。

　　鲁特西亚 – 巴黎西还有恺撒可以利用的战略优势地位，尽管那里只有一些小木屋和畜栏。巴黎西人承担起了东道主的义务，而

上图：这块苏勒德斯（solidus, 古罗马帝国发行的一种金币）出土于西堤岛上的罗马遗迹，上面绘着罗马皇帝尤利安。一苏勒德斯相当于 14 迪纳里（denarii，一种古罗马小银币），且苏勒德斯后来在罗马帝国晚期成为鲁特西亚的标准货币。

恺撒决定在鲁特西亚-巴黎西与所有高卢部落开一次峰会。显然，这是罗马人的陷阱，对罗马人怀有敌意的高卢人也不可能掉进这个陷阱，因此这个会议没有成功。在此期间，巴黎西人也在等待时机，一年以后，他们拿起武器与恺撒对抗，向恺撒展示了他们真正的忠诚所在。作为回应，恺撒派出了由拉比努斯（Labienus）将军率领的四个军团镇压巴黎西人。这场战役被后人称为鲁特西亚战役。

鲁特西亚战役

听到罗马军队进军的消息，巴黎西人和许多邻近部落很快结成了同盟。同盟军队统帅是卡姆洛格努斯（Camulogenus），他常被认为是巴黎第一个伟大的革命家，恺撒在他的《高卢战记》中这样描述他：

> "这场战役被后人称为鲁特西亚战役。"

"奥莱克人卡姆洛格努斯担任将军，虽然他年纪老迈、精力衰退，但因为其出色的战争知识，被挑选出来担任该职。他注意到大片沼泽延伸到塞纳河中，极大增加了驻扎的难度，因此他决定停止行军，不让军队过河。"（盖乌斯·尤利乌斯·恺撒，《高卢战记》，W.麦克德维特与W.博翰合译）

恺撒提到的沼泽位于塞纳河右岸，卡姆洛格努斯知道那是拉比努斯军团的一个极大障碍。一开始，拉比努斯命令士

右图：巴黎的第一批定居者巴黎西人主要依靠捕鱼和与塞纳河沿岸其他凯尔特部落交易为生。

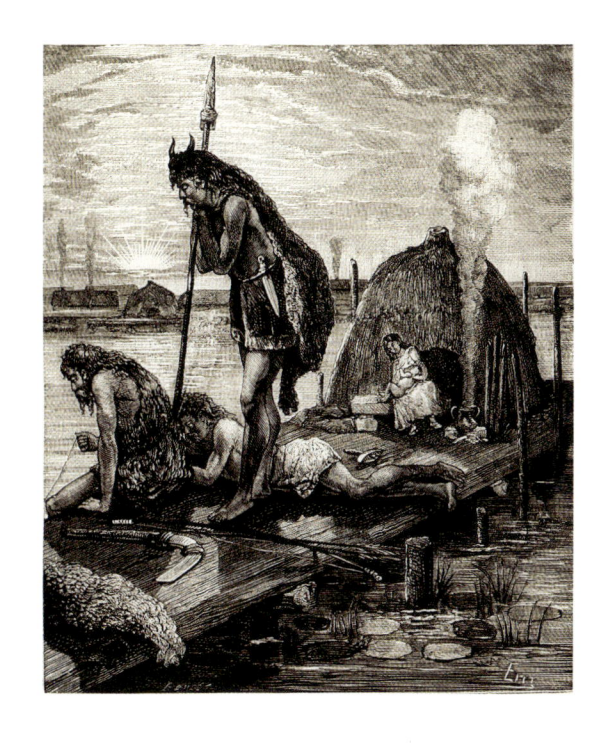

维钦托利（Vercingetorix，阿维尔尼人首领）在阿莱西亚之战战败后在恺撒面前放下武器。公元前46年，恺撒凯旋回到罗马后让高卢人游街示众并在人群前勒死他们。

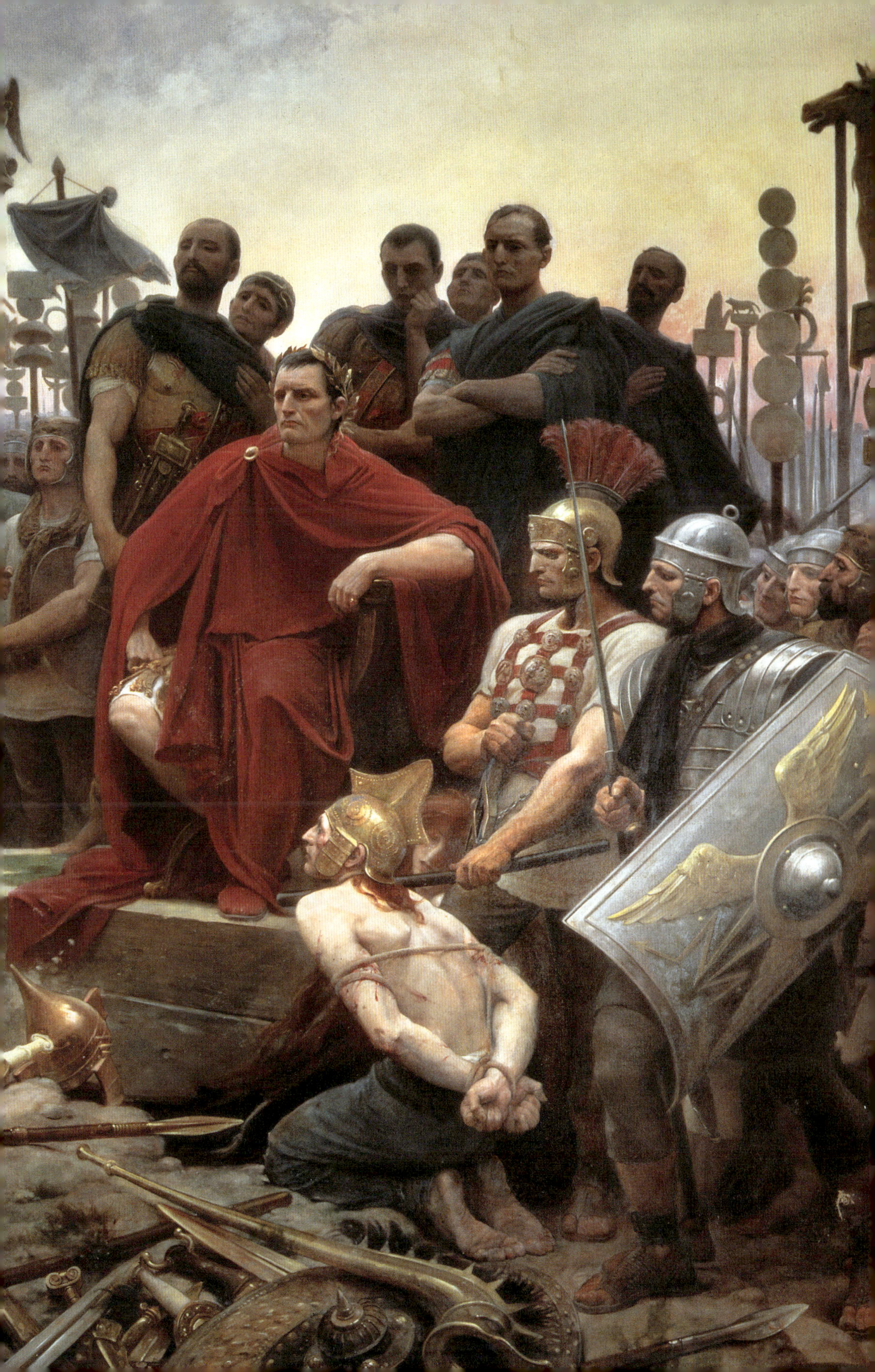

兵将土和石头填进沼泽，试图建出一条路。这一举措失败后，拉比努斯决定包抄巴黎西人，并行军到南边邻近的梅鞠塞杜姆（Metiosedum），这样他可以安全地穿过塞纳河。

　　小岛梅鞠塞杜姆属于塞农部落，他们与罗马人为敌，塞农战士大多因与恺撒军队在日尔戈维亚（Gergovia）的战役而滞留南方。拉比努斯命令士兵们分别登上50艘小渔船，并将这些渔船绑在一起，向空置的梅鞠塞杜姆开去。随后拉比努斯的军队穿过塞纳河，全速向鲁特西亚行军，从南边接近它。但看见拉比努斯的军队后，卡姆洛格努斯将通往鲁特西亚的桥烧毁了，同时也烧毁了部落的很大一部分建筑。又一次上岛失败后，拉比努斯从鲁特西亚撤退，等待夜幕降临。

　　拉比努斯要面对的问题不仅仅是征服在鲁特西亚的卡姆洛格努斯军队，他还收到报告说恺撒在日尔戈维亚战役中战败，被迫撤退，这使贝洛瓦契（Bellovaci）人挣脱束缚，全速向拉比努斯军队进军。

　　拉比努斯已经没有多少时间与卡姆洛格努斯进行一场对阵战，罗马人必须在不断接近的贝洛瓦契人抵达之前占领鲁特西亚，以免被困。

　　恺撒这样描述拉比努斯面临的困境：

　　"突然面对这些巨大的困难，他（拉比努斯）知道自己必须依靠个人勇气。傍晚时他召开了一次战略会议。命令他们认真大胆地执行他的命令后，他给每个罗马骑兵分配了一艘他从梅鞠塞杜姆上带下来的船，并命令他们在第一次值夜结束时悄悄向下游前进四英里，在那里待命。他留下了五个他认为行动莽撞的步兵大队防守营地，命令同一军团剩下的五个步兵大队半夜时带着所有行装，高调向上游进军。他同样将小船聚集在一起，让士兵划船时用桨发出巨大声响，向同一方向进军。不一会儿，他亲自带着三个军团悄悄地向之前待命的小船出发。"（盖乌斯·尤利乌斯·恺撒，《高卢战记》，W.麦克德维特与W.博翰合译）

　　由于夜里的暴雨，卡姆洛格努斯的侦察兵完全没有发现罗马军队的行动。而就在黎明时，侦察兵又立即报告称至少两批罗马士兵过了河。卡姆洛格努斯将军队分成三支应对进攻，他命令一支原地待命，第二支向下游进军攻击罗马营地，最后一支向上游（拉比努斯制造的障眼法）而去。

　　在鲁特西亚西边不远的平原上与拉比努斯激战时，如果卡姆洛格努斯没有将军队分派出去，他有可能打败拉比努斯军团。然而，幸运女神没有眷顾卡姆洛格努斯。拉比努斯第七军团攻击了卡姆洛格努斯正面进攻的军队右翼，很快就冲破防线，使对方很多士兵溃逃。而这时卡姆洛格努斯军队正忙于正面攻击拉比努斯第十二军团，

古代巴黎　015

也就给了拉比努斯军团从卡姆洛格努斯军队背后攻击卡姆洛格努斯军队的机会。

尽管高卢部落防线被冲破,但卡姆洛格努斯的士兵拒绝投降,并奋战到底。罗马军团也没有手下留情,他们几乎将高卢士兵杀得片甲不留,此役死去的人中也包括卡姆洛格努斯。

这场战役胜利后,拉比努斯成为鲁特西亚的实际领导者,那些没有参与战役的卡姆洛格努斯士兵在阿莱西亚之战的最后关头加入了伟大的高卢领导人维钦托利的军队。根据恺撒的记录,那天加入战斗对抗罗马军团并战败的巴黎西士兵大约有8000名,存活下来的人成为罗马帝国的一部分;巴黎西人的建筑将会被熟悉的罗马城市的建筑物取代。

上图:据恺撒说,高卢士兵用剑、标枪和弓箭战斗,形成紧密配合的方阵抵挡罗马骑兵的冲锋。自公元前1世纪以来,训练有素的高卢士兵一直都作为中坚力量与罗马自由民共同战斗。

高卢-罗马时期的巴黎

罗马时期的鲁特西亚从未变成能与罗马首都相媲美的大城市,但在罗马统治下经过大约300年后,它成为繁荣的贸易中心,享受着"罗马治世"(Pax Romana),或称罗马治下的和平带来的平静和政治稳定。

和所有被罗马征服的人(这当中不包括在圆形露天竞技场或奴隶市场的人)一样,巴黎西人渐渐融入了罗马帝国。事实上,他们融合得非常成功,甚至在100年时还镇压了一场针对罗马人的起义。显然,巴黎西人放弃了起义的想法,因为他们知道那样会非常严重地伤害自己——尤其是自己的"口袋"。不管怎么说,起义对商业发展不好。

大多数时候,巴黎以及整个高卢地区都为罗马帝国服务。高卢人纳税、选举自己的贵族为地方行政长官,必要的时候提供兵源,一般都很配合。相应地,他们可以遵循自己的传统、穿自己爱穿的衣服,而且,只要他们向罗马国教交了足够的费用,他们还可以信奉自己的神。

罗马化的鲁特西亚

在鲁特西亚，或者巴黎（"巴黎西人的城市"，它是公元4世纪以来的称谓），罗马国教的中心是位于西堤岛中心的长方形会堂。一条大路从北至南将西堤岛分为两半，并通过两座桥将它与左对岸的大城镇相连，尽管右对岸几乎没有标志性建筑物，左对岸却有所有罗马城市应有的标志性建筑物，包括三个公共浴场、一家剧场、一条引水渠和一座圆形露天竞技场。长方形会堂是罗马皇帝尤利安（Julian，330—363年）的住所，他非常喜欢那里宜人的气候以及丰富的无花果树和葡萄藤，358年，他甚至将巴黎作为自己实际的家，而不是带领军队深入荒蛮而又没什么吸引力的中东地区。尤利安甚至在西堤岛进行了加冕仪式（1804年拿破仑·波拿巴效仿了这一做法）。尤利安甚至还喜欢巴黎西人，尽管他们十分野蛮，他将和巴黎西人待在一起的自己比作"和野兽相联系和纠缠的猎人"。

尽管巴黎西人很粗鲁，但尤利安能够接受他们，部分原因是他们是异教徒；毕竟巴黎西人的多神崇拜和罗马人也没有相差很多。尤利安本人就十分反对基督教，尽管君士坦丁大帝公元313年颁布法令将基督教合法化并鼓励人民信仰基督教，尤利安还尝试过将多神教定为罗马的主要宗教。尽管君士坦丁大帝颁布了该法令，在罗马帝国内（包括高卢地区在内），对基督徒的迫害一直持续到公元5世纪。位于巴黎的圆形露天竞技场吕特斯竞技场能够容纳1.5万名观众进行一天的娱乐，具体项目包括斗兽、角斗士比赛和公开处死基督徒。在尼禄（Nero）统治时期的罗马，这些处刑更为变

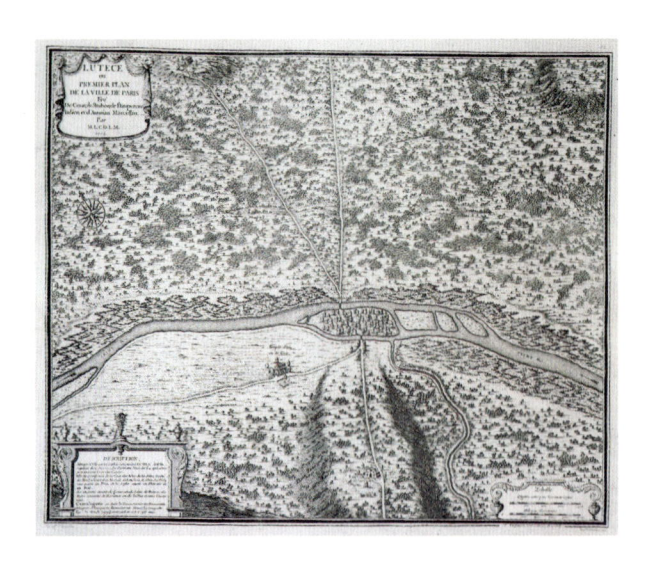

上图：这幅鲁特西亚地图由18世纪制图师让-巴蒂斯特·布吉尼翁·德安维尔（Jean-Baptiste Bourguignon d'Anville）根据恺撒和斯特拉波的描述绘制而成。现在，西堤岛依然是巴黎的中心。

态，他在罗马竞技场同时杀死过数百名基督徒，而且经常发明新的迫害方式，其中一种是火刑袍（tunica molesta），即一种浸满松脂的衣服，在基督徒被钉死在十字架上并被火烧之前，让他们穿上。甚至有传闻说尼禄皇帝曾用这种可怕的"人形火把"点燃了自己宫殿的地板。

巴黎西首府

362 年，皇帝尤利安写下讽刺文章《厌胡者》（*Misopogon*），以下选段展示了他对巴黎的爱，这也是已知的第一篇关于巴黎的文章：

"我在我深爱的鲁特西亚时，正好是冬季，鲁特西亚是凯尔特人对巴黎西首府的称呼。那是个河中小岛，四面围墙，两边有木桥相通。塞纳河冬天的水位和夏天一样，很少涨跌……那里的冬天也十分温和，大概由于相距不到 900 斯塔德（约 108 千米）的大西洋带来的暖流，还有可能由于大西洋带来的暖风，因为海水好像比河水暖一些。不管是以上原因还是一些我不知道的其他原因，事实都跟我说的一样，那就是，那里的冬天更暖和一些。而且那里到处长着很好的葡萄藤，有些人甚至种了无花果树，冬天时他们用秸秆和类似秸秆的东西包裹无花果树，让它们免受寒冬的伤害。"（尤利安皇帝，《厌胡者》，威尔默·赖特译）

上图：尤利安皇帝主持一场关于基督教的宗教辩论，他鄙视基督，因此被教会称为"叛教者尤利安"。

毫无疑问，高卢最著名的基督教殉道者是布兰迪娜（Blandina），她是里昂一个基督徒的奴隶，和主人一同被捕，并被折磨了很久，最后行刑者都没有力气继续下去。布兰迪娜在受刑时回答的每个问题都很著名："我是基督徒，我们基督徒

优西比乌斯（Eusebius）的《教会史》中记载了殉道者高卢人布兰迪娜遭受的酷刑，其中这样记载："异教徒们都说他们没有见过任何一个女人可以忍受这么多或这么长时间的酷刑。"

没有犯任何错误。"布兰迪娜被判给野兽吃掉之后，被绑在里昂圆形露天竞技场的一根柱子上，但野兽没有接近她。（据说，因为野兽都感觉到她是上帝的孩子。）最后，布兰迪娜被鞭笞，被放倒在烧红了的铁格栅上又被装进网里，然后被扔到狂躁的牛面前，被牛用它的角不停地抛来抛去。这些方法都没有奏效，最后她被匕首捅了一刀，结束了她的殉道之路。

巴黎也有受重视的基督教殉教者，他后来成为巴黎的主保圣人之一——圣德尼（Saint Denis）。尽管关于他的记载有些混乱，但传说大致认为90岁的传教士德尼来自意大利，3世纪中叶时在巴黎。在这里，他不停地游说异教徒改信基督教，不停地破坏异教圣像，直到最后和两个神职人员一同被捕，三人最终在西堤岛入狱，被斩首处死。据传说，行刑当天，三个基督徒沿着塞纳河右岸向蒙马特山而去，在那里，一名士兵处死了他们。但是，德尼被斩首之后，他的身体拾起了头颅，并捧着它向东南方走了10千米（约6英里，此类换算均取约数），边走边布道。后来他终于倒下，被追封为圣徒，人们在他倒下的地方修建了圣德尼本笃会修道院。圣德尼已逝，但精神仍在，而鲁特西亚也继续着向基督教城市巴黎转变的旅途。

上图：图为巴黎圣母院的圣德尼像，他是天主教传说中著名的被斩首之后拾起头颅的圣人。现在他被认为是巴黎的主保圣人。

罗马衰落

罗马帝国衰落后，黑暗笼罩着鲁特西亚和欧洲大部分地区时，基督教为巴黎西人提供了慰藉。这时的鲁特西亚已成为一个繁华的大都市，范围从西堤岛延伸到它左对岸，城中有许多引以为傲的教堂、花园和城市建筑，但在城墙外，附近

图为巴黎主保圣人圣热纳维耶芙（Saint Geneviève）阻止匈人阿提拉进入巴黎。事实上，阿提拉从未接近过巴黎，而是一直在法国南部寻找机会。

的沼泽地和森林中常有强盗和流动的野人。4世纪末,日耳曼部落入侵得越来越频繁,其中包括西哥特人和法兰克人。罗马,作为庞大帝国的有力保护者正在崩塌。

5世纪初,巴黎也随着罗马的衰落而衰落。罗马帝国向其东部首都君士坦丁堡撤退时,高卢变得孤立无援,在这期间,高卢的行政中心巴黎经历了暴动、饥荒,中央政权逐渐被架空。406年,一大群西哥特人蜂拥进高卢边境,开始袭击高卢并侵占高卢土地。

"阿提拉正率领着一支强大的匈人军队深入欧洲。"

尽管高卢-罗马军队残部奋起反抗从日耳曼来的蛮族人,但它似乎无力自保。更糟糕的是,阿提拉正率领着一支强大的匈人军队深入欧洲。阿提拉如噩梦般凶残,在他的欧洲征途中,他下令强暴、折磨妇女,然后用野马将她们分尸,残肢则成为野狗的食物。当时阿提拉对屠弱的高卢地区虎视眈眈。451年,阿提拉穿过莱茵河,向巴黎进军,将所过村庄夷为平地,大量屠杀村民,大批无家可归的难民向巴黎前进时,巴黎人民也十分恐慌,纷纷向城外逃跑,这时的巴黎孤独又无助,非常需要一个英雄来拯救它。

下图:圣热纳维耶芙在托内尔桥向东看,用她长袍的褶皱保护着一个儿童,她手上拿着一艘船,这艘船象征着巴黎。

正在这时,一个最不可能是拯救者的人出现,并将大家召集起来——热纳维耶芙(419—512年)。根据传说,热纳维耶芙很小的时候就成了孤儿,思想激进,在经历了种种困境之后,15岁就成为修女,在危难之际她说她能看见巴黎将会被拯救。她请求大家不要离开,称匈人不会来到巴黎,而且大家都应该下跪祈祷。为了证明她的话,她在城墙外拾麦穗,其他人几乎不敢出去。

不知是神的旨意,还是阿提拉原本就将目标设定在南方而打算绕过巴黎,总之,巴黎得救了。现在，圣热纳维耶芙和圣德尼一样成为巴黎的主保圣人，她的雕像矗立在托内尔桥上，在城市的一角关注着未来的入侵者。

进入法兰克王国

继阿提拉之后，蛮族人法兰克人入侵，这时热纳维耶芙仍然是巴黎守护者，同时也是主要谈判官。法兰克部落属于日耳曼人的一支，他们骁勇善战，其中很多人曾作为罗马军团的盟友，并与其并肩作战。现在这些法兰克人正入侵罗马，摧毁"毛发旺盛的高卢人"。尽管人人皆知法兰克人是残酷无情的投机者，也有些人认为他们比其他蛮族人更加通情理，其他蛮族人此时正从日耳曼蔓延开来，在欧洲四处点火和破坏。

其中墨洛温王朝治下的法兰克人（以下简称为墨洛温人）较为特别，他们比大多法兰克人更有教养，罗马帝国晚期的希腊历史学家阿伽提亚斯（Agathias）认为他们"作为蛮族人来说相对较有教养"，他曾这样描述他们：

"他们（墨洛温人）有城市行政长官，有神职人员，庆祝节日的方式和我们一

上图：描绘了法兰克移民进入高卢地区，这一移民活动为大约公元300年开始的欧洲蛮族人入侵的一部分。

样,而且,作为蛮族人,他们给我的印象是教养良好,几乎和我们一样,只是衣着方式和语言陌生。"(阿伽提亚斯,《历史》,J·弗伦多译)

墨洛温人因坚持一些罗马传统而受到当时评论者的好评,但法兰克人皈依基督教才真正巩固了他们的名声。法国这个基督教国家正是从法兰克王国中诞生的。夏尔·戴高乐(Charles de Gaulle)将军曾这样说:"对我来说,法国历史是从克洛维一世开始的。"然而"基督徒"法兰克人还是不停地渴望权力、掠夺和屠杀。

墨洛温王朝

圣热纳维耶芙在法兰克人接管巴黎时扮演了重要角色:一开始,她组织巴黎人民反抗法兰克人入侵,后来她为法兰克人吞并这座城市并皈依基督教铺平道路。墨洛温王朝国王克洛维一世原本是异教徒,496年经圣热纳维耶芙施洗①皈依基督教。他的数千名护卫军也紧随其后皈依基督教。人们认为圣德尼和圣热纳维耶芙是法国的精神领袖,国王克洛维一世也常常被认为是法国早期政权的建立者。简而言之,法兰克政府首都是巴黎,被军事等级制度制约,这正是法国封建制度的早期形式:国王和他的护卫军构成这个体制的上层阶级,包括农民、铁匠、其他工匠在内的劳动人民构成下层阶级。

正是墨洛温社会的军事性质使当时巴黎仍然保留着罗马驻军的城镇防御工事,这些防御工事吸引法兰克人,使之成为他们的据点。在巴黎城外的平原

上图:希尔德贝尔特一世(Childebert Ⅰ)是克洛维一世的儿子之一,511—558年统治巴黎。

---

① 施洗者应为兰斯大主教圣雷米吉乌斯。——编者

上，墨洛温人可以举行年度会议，在会议上高谈阔论并提出接下来要征服的潜在目标，这也是他们展示实力和虚张声势的大好机会。会议上展示的除了士兵和武器外，还有基于罗马设计的攻城武器。尤其是克洛维一世，他在自己想要模仿的罗马帝国的旧传统和新的基督教传统之间开拓了一条新的道路。他借助罗马税收体系进行统治，确立了基督教信仰，并作为绝对主权者进行统治，这一模式成为接下来几个世纪中其他法国统治者的有效模板。

弗朗奇斯卡斧

据说法兰克人（Frankish）的称谓来自他们臭名远扬的用于投掷的斧头，斧名为弗朗奇斯卡（francisca），十分有名。弗朗奇斯卡斧柄长约40厘米（16英寸），有着带倒刺的斧刃，斧刃长约15厘米（6英寸）。弗朗奇斯卡斧能够将投掷的所有能量集中到锋利的刀刃，能够砍入人头数英寸深，是一种十分有效的武器。6世纪时巴勒斯坦历史学家普罗柯比（Procopius）这样描述法兰克人和他们的武器：

"他们的首领周围有一小队骑兵，只有他们手持长矛，其余的都是步兵，没有弓箭，也没有长矛，但每个人都带着剑、盾和斧。斧头的木制斧柄很短，但这种武器的铁制斧头十分厚重，双面都很锋利，而且他们已经养成习惯，只要一声令下，就能把这些斧扔出去，从而破坏敌人的防御并杀死敌兵。"（普罗柯比，《查士丁尼战争史》，亨利·布朗森·德温译）

右图：墨洛温人用来武装自己的铠甲、头盔、长矛、剑、斧和盾。

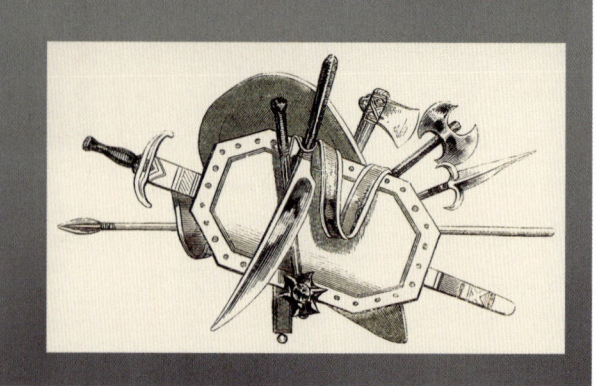

进军中的克洛维一世

法国主教图尔的格雷戈里（Gregory of Tours）所著《法兰克人史》中记载了克洛维一世的残暴统治。图尔的格雷戈里回忆了法兰克人入侵早期，高卢地区苏瓦松王国某教堂的花瓶被掠夺事件，该教堂一名神父向克洛维一世上书，希望归还该教堂遗物，但克洛维一世的一名士兵拒绝了这一请求，并说所有战利品应由大家共享，不属于某一个人，边说边把那个花瓶砸碎了。克洛维一世意识到众人希望他以暴力回应此事，他只是宽容地笑了笑，似乎接受了士兵的这一行为。然而，后来克洛维一世却暴露了本性：

"某年末，他要求所有士兵全副武装参加来年的三月阅兵，检阅军队。在检视完其他人后，克洛维一世来到了那个砸碎花瓶的士兵面前，他说：'没有人像你这样把武器保养得这么差，你的长矛、剑、战斧，没有一个能用的。'并将战斧从士兵手里夺了过来，狠狠摔在地上。士兵微微弯腰想要将它捡起来，而国王立刻双手拿着自己的战斧，将士兵的脑袋劈开，说道：'你就是这么对待那个苏瓦松花瓶的！'这个士兵的死震慑了其他士兵。"（图尔的格雷戈里，《法兰克人史》，欧内斯特·布雷奥译）

下图：尽管克洛维一世十分嗜血，但在西罗马帝国逐渐让权于日耳曼人的国王以及他们大量皈依基督教时，他还是确保了这个重要时期法国文化和精神的转化。

克洛维一世在统治时期联合了其他法兰克部落，巩固了权力基础之后，他变得越来越残暴，越来越权欲熏心。任何人只要怠慢了他就会被惩罚或是杀死，其中一个人就是法兰克人的国王（墨洛温家族的支系）卡拉里克（Chararic）。当时，克洛维一世向卡拉里克求助，以对抗高卢最后一名罗马将领西阿格里乌斯，卡拉里克作壁上观。最后，克洛维一世将卡拉里克和他的儿子关进监狱并折磨他们，虽然之后允许他们剃光头发成为神父以赎罪，但他听见卡拉里克的儿子说时间久了他们的头发会再长长之后，克洛维一世将两人斩首，没收了他们所有财产和土地。

下图：通过击杀砸碎苏瓦松花瓶的士兵，克洛维一世展示了自己的报复心和对基督徒的同情心。

由友变敌

可以体现克洛维一世残暴统治的另一个事件是，克洛维一世得知旧盟友科隆国王瘸子西格伯特（Sigobert the Lame）卧病，便向西格伯特的儿子克洛德里克（Chloderic）致信，称其父死后仍会与他的王国保持同盟。不知是不是克洛德里克误会了克洛维一世的意思，在收到信后，他便走进父亲的帐篷杀了熟睡中的父亲，然后向克洛维一世进贡了父亲的满满一箱财宝以示友好。克洛维一世拒绝了这份礼物，却让两个信使仔细检查了它，然后信使要求克洛德里克将双手伸入箱子中让他们看看箱子有多深，在克洛德里克照做的时候砍了他的头。

克洛维一世否认参与了谋杀。他甚至从巴黎到科隆来为自己脱罪，他说："我不可能杀死跟我同盟的国王的，因为那是犯罪……"但后来他杀了一个名叫拉格纳卡尔（Ragnachar）的小国王，这个国王是他的亲戚，与他同盟攻打西阿格里乌斯。据说拉格纳卡尔十分吝啬，囤积了很多战利品，而战利品通常都由所有将领共享。克洛维一世听说拉格纳卡尔的将领们即将暴动，便用"金"护身符和"金"腰带收买他们，但实际上仔细一看这些都是铜做的。但是，这已经足够瓦解拉格纳卡尔的军队，让克洛维一世向拉格纳卡尔宣战并战胜他。

拉格纳卡尔和他的兄弟里卡尔（Ricchar）战败后试图逃离战场，双双被捕，被带到克洛维一世面前时双手被缚。克洛维一世问拉格纳卡尔："你为什么让别人把你绑起来？这是我们家族的耻辱，你倒不如死了更好。"然后他用斧子劈开了拉

格纳卡尔的头,再转向里卡尔说:"如果你帮了你的兄弟,那他也不会被绑。"然后用同样的方式结束了他的生命。

上图:人们普遍认为克洛维一世在苏瓦松战役中打败罗马将军西阿格里乌斯标志着西罗马帝国在意大利以外统治的结束。西阿格里乌斯逃离了战场,随后被刺死。

杀了两个远亲之后,据说克洛维一世曾抱怨没有人能够战胜他。但在他于511年去世后,他的四个儿子分割了法兰克王国。他们和他们的父亲一样,多疑、暴力,这样的统治持续了将近200年,直到加洛林王朝取代墨洛温王朝。

克洛维一世留下的好处之一是巴黎宗教建筑的发展。圣文森特(Saint Vincent)

的遗物都被埋在塞纳河左岸的一个圣地中，在现在的圣日耳曼德佩区，这里也是许多法兰克国王的埋葬地点。在塞纳河右岸，据说在某处有奇迹发生在一个麻风病人身上，圣马丁修道院（Saint-Martin-des-Champs）就建在那里。圣艾蒂安（Saint-Étienne）大教堂建在西堤岛上，周围还有六个8世纪兴建的其他教堂。但加洛林王朝的奠基人查理·马特（Charles Martel，墨洛温王朝末代宫相）掌权时，巴黎已经渐渐衰落了。

与克洛维一世不同，加洛林王朝国王不总是以巴黎为首都，相反，持续的战争状态导致加洛林王朝有不同的首都，首都的选择取决于哪个城市当时占据最有利的战略地位。但是，不停骚扰高卢地区南部边境的萨拉森人（Saracens）却对巴黎很有兴趣。通过袭击巴黎的教堂，查理·马特召集了足够强大的军队阻止萨拉森人入侵巴黎，巴黎人民也暂时逃过一劫。

> "事实上，这座城市和查理曼没什么关系。"

最有名的加洛林王朝国王是查理曼（Charlemagne），他于800年被教宗利奥三世（Leo Ⅲ）加冕为神圣罗马皇帝。查理曼身材矮胖，和今天巴黎圣母院外的查理曼雕像几乎毫无相似之处。事实上，这座城市和查理曼没什么关系。查理曼在亚琛治帝国，巴黎似乎完全被查理曼及其子孙遗忘。

但是，巴黎的北方潜藏着危险。从8世纪末开始，被称为维京人的海盗就沿着英国海岸线抢劫修道院。他们滥杀修道士、奴役当地村民和抢夺教会财宝的残暴行为，很快就传到了巴黎的神父和教区居民耳中。9世纪开始，这些北欧异教徒就开始向基督教国家法兰克进发。

下图：该图展示法兰克国王查理曼被加冕为神圣罗马皇帝，这使查理曼成为自西罗马帝国衰落后西欧第一个受承认的大帝。

法兰克罪与罚

《萨利克法典》是法兰克人的准则，它基于日耳曼法，由克洛维一世于约公元500年主持编纂而成。该法典限制女性继承遗产或王位，也判定王国由所有在世的男性继承人分割，由此导致了法国几个世纪以来因争夺王位引起的腥风血雨。《萨利克法典》也规定了许多犯罪行为的具体刑罚，从轻罪到伤人和杀人等重罪，罚款使用罗马苏勒德斯货币缴纳。

该准则规定的较轻处罚为"若称别人身上被动物粪便覆盖，应罚款三苏勒德斯"以及"若控告别人战斗时扔下盾当逃兵却无法证明，应罚款三苏勒德斯"。还有伤人的惩罚，包括过失伤人还是故意伤人：

"若致他人手足伤残，或挖出他人眼球或殴打他人至眼球掉落，或割掉他人耳鼻，应罚款一百苏勒德斯。"

"若殴打他人至脑壳破裂且有证据证明如此，应罚款十五苏勒德斯。"

"若阉割自由人或割伤其阴茎导致其性无能者，应罚款一百苏勒德斯……但若将其阴茎完全切除，除九苏勒德斯医疗费外还应罚款二百苏勒德斯。"（《萨利克法典》，欧内斯特·F·亨德森译）

未交罚款者可能会被挖掉眼睛，割掉鼻子或耳朵。惩罚小偷常见的方式是拷问和鞭刑。被控有罪者有时有机会通过神裁法来自证清白，通常包括被控者将手伸进一锅沸水中取一块石头，水深由被指控的罪名数决定：一项罪名则水深至腕，三项罪名则水深至肘。审判会在教堂中进行，并要求所有参加者祈祷上帝揭示真相。然后被控有罪者入水检验的手会被包裹起来三天后再次检查，若没有烫伤的痕迹，则说明该人被上帝治愈，因此无罪。

上图：直到13世纪，基督教会都在使用神裁法进行审判。

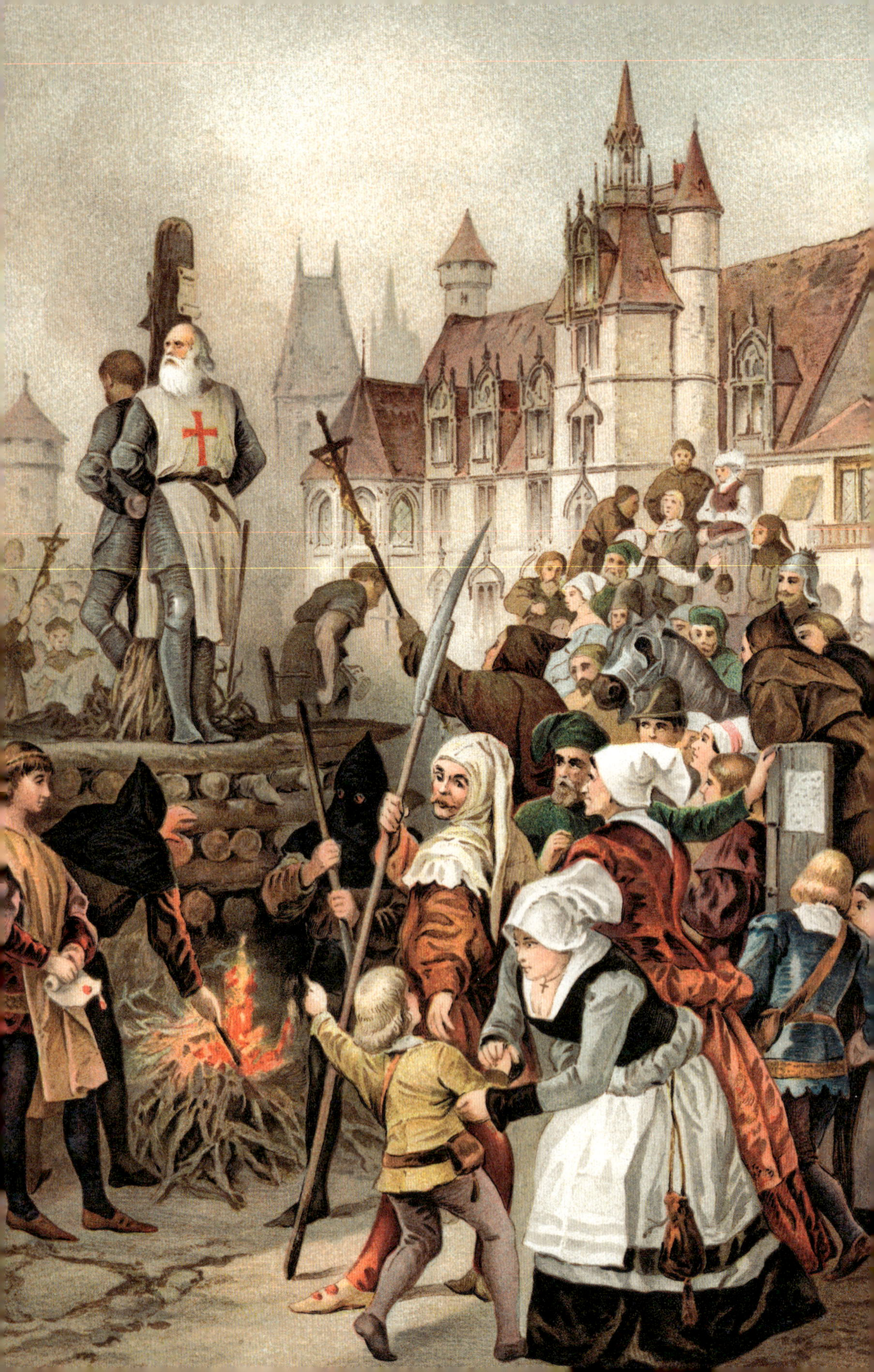

2

中世纪

845年,巴黎人民最害怕的事发生了。3月,一支维京人大军登上120艘长船,沿塞纳河向巴黎而来。接下来的残暴行为和腥风血雨会动摇法兰克基督教世界的基础并将巴黎推入暴力的新时代。

对页图:圣殿骑士团也在暴君腓力四世迫害的人中。在经历宗教裁判所的折磨之后,十字军成员被以同性恋、异端邪说和巫术的罪名烧死在火刑柱上。

上图：维京人多次洗劫巴黎时，查理曼的孙子、国王秃头查理（Charles the Bald）几乎没做什么阻止他们。他的外号实在讽刺：实际上，查理是个毛发旺盛的人。

曾经偏远的修道院和教堂通常是维京海盗的目标，他们抢夺教堂宝物，没有被他们杀死的人都会沦为奴隶，但现在，他们似乎有了更大的野心。维京长船接近巴黎时，圣日耳曼德佩修道院的一名修道士记录下了这可怕的时刻："在我主845年，大量北欧人破坏了基督教世界的前线，这是我们之前从没有听说过或读到过的。"

站在 5000 个强壮的维京人和巴黎（中心依然是坚固的西堤岛）之间的，是法兰克国王秃头查理，他知道维京人在来巴黎的路上侵略了鲁昂，决心不让法兰克基督教世界的核心受到同样的伤害。他将军队分成两支，分别在塞纳河两岸，发誓不让那些异教徒的船只通过。然而，将军队分开是个巨大的错误，维京人很轻松地打败了查理部署在一边河岸的军队，这时另一边的军队只能无助地看着。维京人为了祭祀他们的神明奥丁，也为了震慑查理剩下的军队，俘虏了111 个人，将他们吊死在塞纳河中一个无人小岛上。

上图：在脱掉毛绒马裤之后，传说朗纳尔死在了毒蛇坑里，因为他"周围被蛇环绕"。

随后，摆脱了查理军队的骚扰之后，维京人很快在西堤岛靠岸，无情地袭击了所有留在岛上的人。修道士曾引导大家离开西堤岛，但许多人无视这一警告而留在西堤岛，接下来的大混乱是维京海盗对待基督徒居住地的常见行为，但维京人对法兰克人的暴力行为似乎格外野蛮。维京人无差别屠杀了他们能找到的所有人，抢夺了所有金银。

洗劫巴黎揭示了一个令人不安的消息，即维京人的领导人，臭名昭著的法兰克人袭击者名叫朗纳尔（Ragnar）。一些历史学家认为他就是传说中的朗纳尔·洛德布罗克（Ragnar Lodbrok），也就是"毛绒马裤朗纳尔"（Ragnar Hairy-Breeks）。这个外号来源于他的无法被穿透的毛绒马裤，延缓了他在东盎格鲁的毒蛇坑中的死亡。作为冰岛冒险故事中的英雄人物，朗纳尔的冒险似乎是从与法兰克守护者、神圣罗马皇帝查理曼的战斗开始的。

查理曼通过蓄意攻击对抗野心勃勃的斯堪的纳维亚好战君主，如丹麦国王戈德弗雷德（Godfred），保住了他庞大的帝国。查理曼和戈德弗雷德在弗里西亚（Frisia）这个小贸易点发生了冲突。弗里西亚现在分属于德国和荷兰，当时是两个王国之间重要的缓冲地带。丹麦国王戈德弗雷德借着一时聪明和虚张声势入侵了弗里西亚，却震惊了弗里西亚当时的占有者查理曼。为了让丹麦国王戈德弗雷德撤退，查理曼向他支付了200磅银，这开始了一个被英格兰称为"丹麦金"的传统，即向维京海盗支付钱币以结束敌对并归还被占领领土。814年，查理曼和丹麦国王戈德弗雷德都已去世，但戈德弗雷德让查理曼支付"丹麦金"这一行为却为后来的维京海盗提供了先例。

无论朗纳尔是不是传说中那个朗纳尔·洛德布罗克，他都是被提前贿赂以换取和平的维京海盗之一，查理曼的孙子——国王秃头查理承诺给他弗里西亚的部分土地。但查理最终食言了，没有把土地给朗纳尔。作为报复，朗纳尔洗劫了巴黎，而查理别无选择，只能向维京人支付"丹麦金"赎回巴黎，这次丹麦金的数量是7000磅银，此外还有任何他们能带走的财富或奴隶。更让法兰克人感到耻辱的是，查理竟向朗纳尔提议塞纳河边有一些其他城镇，朗纳尔可以从中获益。朗纳尔在回斯堪的纳维亚的路上毫不犹豫地摧毁了经过的村庄。但维京人并非毫发无伤，维京人舰队遭受了一场流行病，回家路上的大部分维京人因病而死。朗纳尔活了下来，但他担心那是上天的惩罚。丹麦国王霍里克（Horik）曾为洗劫巴黎提供资金，他主动提出释放被囚禁的巴黎人民并归还掠夺的财宝，同样是因为害怕上帝的报应。但这些都没有减弱维京人入侵的浪潮，查理的"丹麦金"只是为他争取了一些时间，一批新的维京人势力将向巴黎起航。

由于法兰克修道院、村庄、城镇纷纷被维京人洗劫，国王秃头查理颁布法令禁止向维京人售卖马匹或武器，违者死刑，但这并没有阻止维京人因为掠夺来的奴隶、获得的赎金、战利品和丹麦金变得富有。满是教堂和教会财宝的巴黎便成了炙手可热的目标，圣日耳曼德佩修道院修道士阿布·塞尔努斯（Abbo Cernuus）这样描述：

"巴黎！你坐落在塞纳河中，在法兰克肥沃的土地中，呼喊道：我是最好的城市，就像女王一样闪闪发光引人注目。你因你的富丽堂皇而闻名。任何垂涎法兰克财富的人都会向你致以敬意。"（阿布·塞尔努斯，《巴黎战争史》，尼尔默尔·达斯译）

继 845 年朗纳尔掠夺巴黎后，他的儿子比约恩·艾恩赛德（Björn Ironside）也袭击了巴黎。857 年，艾恩赛德雄心勃勃，沿着塞纳河入侵了巴黎，这是他四年侵略计划当中的一步。四年侵略计划结束时他和他的舰队会到达地中海。最终艾恩赛德在返回斯堪的纳维亚之前袭击了意大利卢纳，他误以为那是罗马。艾恩赛德几乎摧毁了巴黎，只留下四座教堂。

860 年巴黎又一次经历了维京人的袭击。国王秃头查理迫切地想要保护巴黎，召集了大部分男性公民在西堤岛周围建立守城塔和城墙，加固了塞纳河上的桥。秃头查理认为，如果塞纳河被封了，那维京人就失去了通往巴黎的主要通道，也就无法深入内陆。他还没有看到自己的防御工事是否有用就去世了，反倒是他的继任者国王胖子查理（Charles the Fat）和巴黎守护者厄德伯爵（Count Odo）见证了法兰西历史上最大的一次维京人袭击。

下图：查理曼忧愁地看着维京人袭击巴黎。作为神圣罗马皇帝，查理曼认识到了维京人的威胁，但他没能够抵御他们的入侵来保护庞大的帝国。

885 年巴黎遇袭

由西格弗雷德（Sigfred）和辛瑞克（Sinric）带领的维京队伍不再只是碰碰运气的强盗，他们拥有数千名战士和 300 艘长船，队伍规模庞大。而巴黎加固了城防：建有两座桥面很低、能够阻止长船的

"这支维京队伍不仅仅是碰碰运气的强盗而已。"

桥。这对于维京人来说可能有点意外，但似乎没有动摇他们的决心。维京人要求巴黎支付"丹麦金"，同时提供通过巴黎的安全渠道，被厄德伯爵拒绝后，他们便开始攻城。

如果西格弗雷德和辛瑞克指望轻易拿下巴黎，那他们就想错了。即使维京人用了包括攻城塔、攻城撞槌和石弩在内的各种攻城器械攻城，在城墙内的 200 名法兰克士兵依然十分坚挺。攻城持续了两个月，维京人不停地往塞纳河中扔残骸和犯人尸体，但最终无济于事。

后来维京人转换了策略，试图用火焰箭、投石机以及燃烧自己的三条长船摧毁其中一座桥。桥严重损坏，但仍没有塌。而二月的大雨和汹涌河流中的残骸动摇了桥墩，使维京人得以接近巴黎的一座守城塔。守城塔里面所有人很快都被杀了。但西堤岛其他部分的防御仍然坚固。

维京人要求巴黎支付 60 磅银作为丹麦金被厄德伯爵拒绝后，西格弗雷德停止了攻城，并被另一个维京人罗洛（Rollo）换下，同时，厄德伯爵悄悄离开巴黎，向国王胖子查理请求增援。查理是个懦夫，没有勇气与北欧人一战，但厄德伯爵说服了他，认为让巴黎沦陷相当于向敌军交出法兰克王国。查理带兵向巴黎进军，但他并没有攻击攻城的维京队伍，而是在附近的蒙马特山安营扎寨，在这里，他

暴力的循环

自 9 世纪中叶以来，维京人袭击的次数疯狂上涨，没过多久，法兰克王国就没有安全的地方了。法兰克修道士埃尔门塔里乌斯（Ermentarius）在他的《圣菲利贝尔的奇迹和圣体转移史》中记载了维京人入侵的恐怖：

"长船数量不断增加，维京人源源不断地涌进来，人数越来越多，各地的基督徒都被屠杀、烧死或被掠夺。维京人毁灭了任何阻止他们的东西，且没有人能抵抗他们的攻击。他们占领了波尔多、佩里格、利摩日、昂古莱姆和图卢兹；昂热、图尔和奥尔良被夷为平地。数不清的长船沿着塞纳河而来，整个地区的邪恶势力越来越强大。鲁昂被抢被烧，被夷为平地；巴黎、博韦和莫城被占领，默伦要塞也被夷为平地。沙特尔被占领，埃夫勒和巴约被抢夺，每个小镇都被入侵了。"（埃尔门塔里乌斯，《圣菲利贝尔的奇迹和圣体转移史》，R. 普帕尔丹译）

开始和那些北欧人协商，鼓动他们放过巴黎，进攻附近的勃艮第。当时勃艮第正起义反对查理，查理告诉维京人，勃昆第可以轻易被拿下，他向罗洛支付了700磅银，希望罗洛放过法国。这笔"丹麦金"是一笔巨款，罗洛无法拒绝，尤其在经过了几个月攻城苦战后。但查理不愿意拆除防御桥，罗洛的军队只好搬着船沿塞纳河而下——将船抬出水，在陆地上推动，他们通过这样的方式走过了很长一段塞纳河。

上图：885年，巴黎遇袭事件不仅是维京人对西欧人民的又一次突袭，它还是维京人和法兰克人之间的实力较量。

巴黎再一次获得了暂时的平静，但911年，罗洛带着一支新的力量卷土重来。这次，新国王天真查理（Charles the Simple）没有浪费时间，他立即提出了一项协议：赠予土地和头衔，并且让女儿吉塞拉公主和他联姻，条件是罗洛保护他的领地诺曼底并改信基督教。

罗洛接受了这个条件，与吉塞拉公主联姻并受洗，教名为罗伯特一世。据说，罗洛拒绝亲吻天真查理的脚以示忠诚，而是让他的一名部下替他做

下图：尽管已经召集了足够打败维京人的强大军队，国王胖子查理却选择花钱让他们和平离开，他鼓励维京人入侵勃艮第，只因那里的臣民正在反叛。

罗洛拒绝亲吻天真查理的脚,而是命令他的一个属下代替他做。出名的是,在这个过程中那个士兵让国王摔倒了,这使在场的维京人十分欢乐。就这样,诺曼底公国诞生了。

了。有一"插曲"广为流传，国王在抬起脚时失去了平衡摔倒在地。

罗洛改信基督教和诺曼底领地的建立标志着维京人在法兰克王国活动的结束，留在诺曼底的维京人后来被称为诺曼人。926年，上勃艮第国王鲁道夫（Rudolf）最后一次向维京人支付"丹麦金"，在那之后便没有更多记录。但罗洛的后裔，史上称为国王征服者威廉（William the Conqueror）在1066年向世界证明了维京人的掠夺本性仍在诺曼人的血液中滚滚流淌。

中世纪的黎明

现代巴黎城市中仍能看到中世纪巴黎的影子，这些影子在巴黎圣母院和圣礼拜教堂的大石头和彩色玻璃中，以及拉丁区（之所以被如此称呼是因为那里的学生常用语言是拉丁语）繁忙的鹅卵石路上。这个时期的巴黎通常被打上玫瑰色的光芒来看待，柔和地聚焦于拥有武士气概的国王和优雅的王后、穿着白色盔甲的骑士、贞洁的少女和宫廷的爱情。

这景象和实际上的新千禧年巴黎毫无关系，相反，中世纪的黎明到来时，巴黎污秽残破，嗜杀的北欧人只留下一片废墟，这里满是堕落和邪恶。西堤岛原是巴黎抵抗北欧人入侵的据点，它的废弃建筑下面的街道变成了强盗和妓院

上图：为了成为诺曼底公爵，罗洛放弃了他的异教神改信基督教，著名的英格兰入侵者、国王征服者威廉是罗洛的后裔。

的淫乱之地，人们每天都要经受强盗的挑战。在小小的公共广场上，罪犯们忍受着加洛林王朝时期的法律：妓女的衣服被脱到腰部然后被鞭打，小偷被割喉。

王室污秽

卡佩王朝国王亨利一世（Henry Ⅰ, 1008—1060 年）在离法兰西近的国家寻找王室未婚妻无果后，派遣使者到距离最远的欧洲地区物色人选，就这样，基辅的安娜（Anne of kiev）公主成了他的妻子。让几乎文盲的亨利一世震惊的是，安娜公主会说五门语言，还在来巴黎嫁给亨利一世的路上学了法语。她对"原生态"法语不为所动，并抱怨她婚礼上只上了三道菜，而不是像斯拉夫传统一样上五道菜。她对巴黎尤为不满，在给父亲的信中这样写道："这里的房子很灰暗，教堂很丑陋，而且这里的习俗让人恶心。"

右图：基辅的安娜公主被巴黎的污秽所震惊，认为她的丈夫是个未受教育的野人。

11 世纪时统治法国的是卡佩王朝国王，他们沿袭墨洛温王朝国王的陈腐传统，似乎对巴黎完全不感兴趣。相反，在腓力二世（Philippe Ⅱ）将首都定为巴黎之前，卡佩王朝国王似乎将巴黎被维京人毁灭后的重建和人口复兴任务都交给了教会。

这时教会开始成为一股真正的法国政治力量：它有土地、有财力，最重要的是，它有罗马教皇的支持。

在维京人侵略时期几乎完全被抛弃的塞纳河左岸成为教会重建计划的第一个重点。毫无疑问，它需要整顿，除了倒塌的木制防御工事、野生牲畜和变成了山羊道的污秽街道以外，几乎不剩什么了。教会首先为服务于圣日耳曼德佩修道院的农民解决了住宅问题，很快市场、手工业以及学习中心发展起来，塞纳河左岸产生了年轻有活力的学术氛围。

皮埃尔·阿伯拉尔（Peter Abelard）的到来极大促进了塞纳河左岸的学术新生，他反对教权，建立了私人学校（巴黎大学的前身），后来被称为索邦大学。但阿伯拉尔更著名的是作为阿伯拉尔与爱洛伊丝传说中的主人公、被阉割的爱人。这个爱情故事带有浪漫主义的宿命论，且极其残忍，现在在巴黎仍然十分有名。

教会在巴黎稳固根基之后主动帮助国王联合整个国家。那时，法国是一堆独立附庸国的结合体，每个附庸国中心都有耸立的城堡，由一个领主统治，这是克洛维一世的《萨利克法典》的后果：在一个贵族死时将他的土地分给所有活着的儿子。这项继承法在几代人以来催生了不少战争。附庸国之间的暴力行为十分常见，在巴黎街上打斗也一样。为了减少血腥事件，教会发起了"神命休战"运动，这项运动将修道士间、女人间和神父间的打斗定为违法行为，且禁止在星期一和星期三的任何打斗，但允许其他时间的暴力行为。教会试图通过十字军东征——与异教徒作战并夺回上帝的圣地——联合不和的领主。

十字军也因屠杀异教徒而臭名昭著，最声名狼藉的大屠杀之一发生在法国贝济耶镇，镇长老拒绝交出犯异端罪的人后，小镇遭到猛攻。当领导进攻的十字军的修道院院长被问到如何区分贝济耶的基督徒和异教徒时，他回答："把他们全杀了，因为上帝能知道哪些是他的人。"此次屠杀导致大约2万人被杀，小镇被夷为平地。

法国国王很注意自己加入的是哪种十字军。通常，十字军对那些待在首都的国王最有利；他们通常会杀了强大附庸国的领主或者使他们破产，同时也助长了新兴的贸易阶层。这些手工艺人、技工和铁匠通常为十字军骑士提供物资，极大地促进当地经济发展，不只在巴黎是这样。有个国王倾向于避免十字军东征，那就是卡佩王朝国王腓力二世，他避免了1209年针对卡特里派（Cathars）的东征。他向教宗英诺森三世（Innocent III）解释道，国家内政有很多问题需要处理，他不能冒险离开，然后他集中力量将法兰西从一个小国家转化成一个庞大繁荣的帝国，他在巴黎管理这个帝国。

国王腓力二世是自罗马皇帝尤利安以后第一个真正爱巴黎这个城市的法兰西统治者，他加固了巴黎周围的城墙，给了索邦大学王室特许状，继续建造巴黎圣母院，并铺设了巴黎街道。最后一项改造给巴黎人民的日常生活带来了巨大改变，之前，下雨天街上未经处理的生活污水和原本的泥土路混合在一起，产生了无法想象的臭味。

到13世纪时，巴黎成了一个充满矛盾的城市。在新的国王路易九世（Louis IX）统治下，法兰西和巴黎都繁荣起来：巴黎兴建了大型建筑项目，如西堤岛的圣礼拜教堂。巴黎人口也迅速增长，有10

"到13世纪时，巴黎成了一个充满矛盾的城市。"

万人，一个新的城市阶级——资产阶级（bourgeoisie）[①]也在将巴黎改造升级中发挥作用。但尽管巴黎的新面貌看起来十分华丽，走路穿过这"光明之城"也依旧是一场冒险。

国王美男子腓力

虽然说谋杀、偷窃、斗殴、酗酒和通奸在中世纪的巴黎街上十分常见，但由国王路易九世主持修建以收藏神圣的荆棘王冠的圣礼拜教堂的彩绘玻璃数量也居世界前列。（二战时期德军进军巴黎时，它的窗户被拆除。）

下图：6世纪时，圣日耳曼德佩修道院由希尔德贝尔特一世主持修建，他将修道院建在塞纳河左岸，这样他就能从在西堤岛的宫殿看到它。

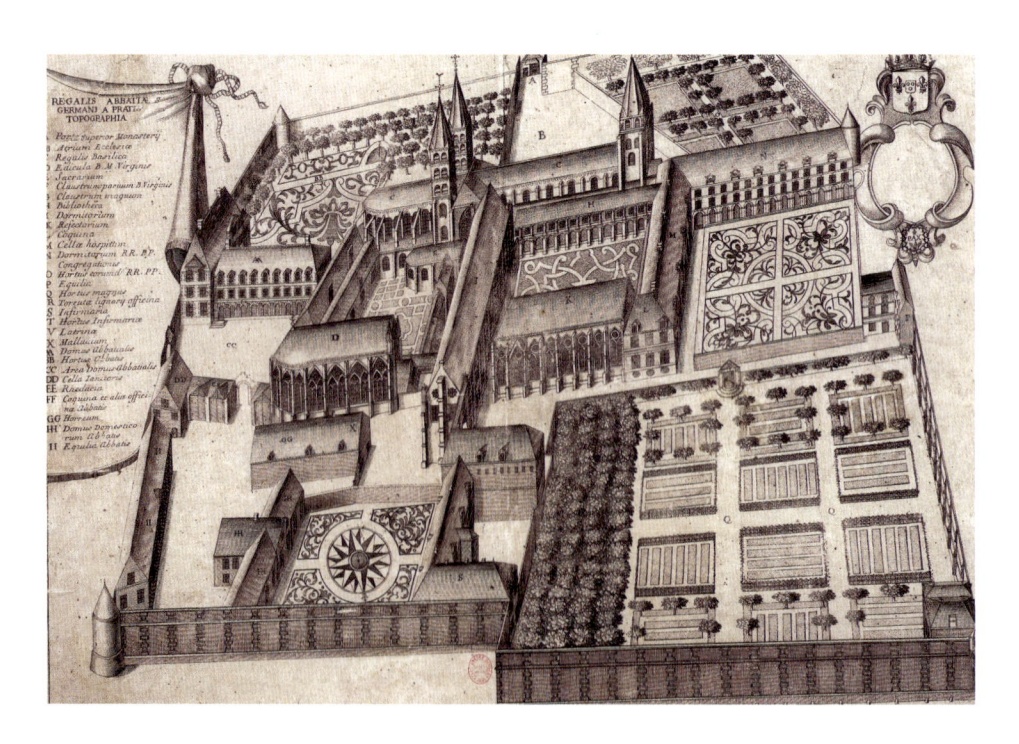

[①] 在欧洲封建时期居住在城镇里的非农业人口被称为bourgeoisie。随着工商业的发展，这些人的财富不断增多，并雇佣工人为自己工作，这一阶级通常被译为资产阶级，在一些阶级划分中与无产阶级对应。（译者注，后同）

执法机构

为了维护巴黎的法纪，国王腓力二世组建了一支早期警察队伍，这些人被称为ribauds，这个词用于形容那些专为强奸妇女和抢夺财物而从军的十字军。警察长官后来被称作大执法官（grand prévôt），这个职位通常与地下犯罪相关。一些执法官（prévôt）被判绞刑，或是因为滥用职权，或是因为未经审判便杀死"犯罪嫌疑人"。尤其是执法官纪尧姆·德·蒂尼翁维尔（Guillaume de Tignonville，1414年去世），他因折磨和绞死两名大学神职人员而被人们熟知，但对他的判决最终被成功上诉并被成功推翻。纪尧姆被要求将那两名神职人员的尸体从绞刑架上取下，并给他们举行体面的葬礼。这时那两具尸体已经在绞刑架上数月，早已腐烂了。但对于纪尧姆本人没有任何惩罚。

对犯了罪的罪犯施行的可怕刑罚也一样常见。国王腓力四世1284年继承王位时，公开处刑已经成为人们常见的娱乐形式，窃贼和杀人犯直接被绞杀，但其他罪犯的眼睛会被挖出来，或是脸上被烧红的铁烙上烙印。

对许多巴黎人来说，最大的恶棍是他们的国王腓力四世，即"美男子"腓力。他长相俊美，对人冷漠。国王腓力四世爱慕虚荣、不顾后果，他鼓励残暴行为，且由于他经济管理能力缺失，法国几乎破产。在腓力四世统治下，法兰西的政治等级被固化成三个部分：贵族等级、神职人员等级以及第三等级，即平民。各个等级的代表单独与国王会面，以免建立共和政体，

下图：国王腓力四世身材结实，长相俊美，他相信自己是受上帝召唤来保护臣民的身体和精神健康的。为了达到这个目的，折磨和谋杀常常发生。

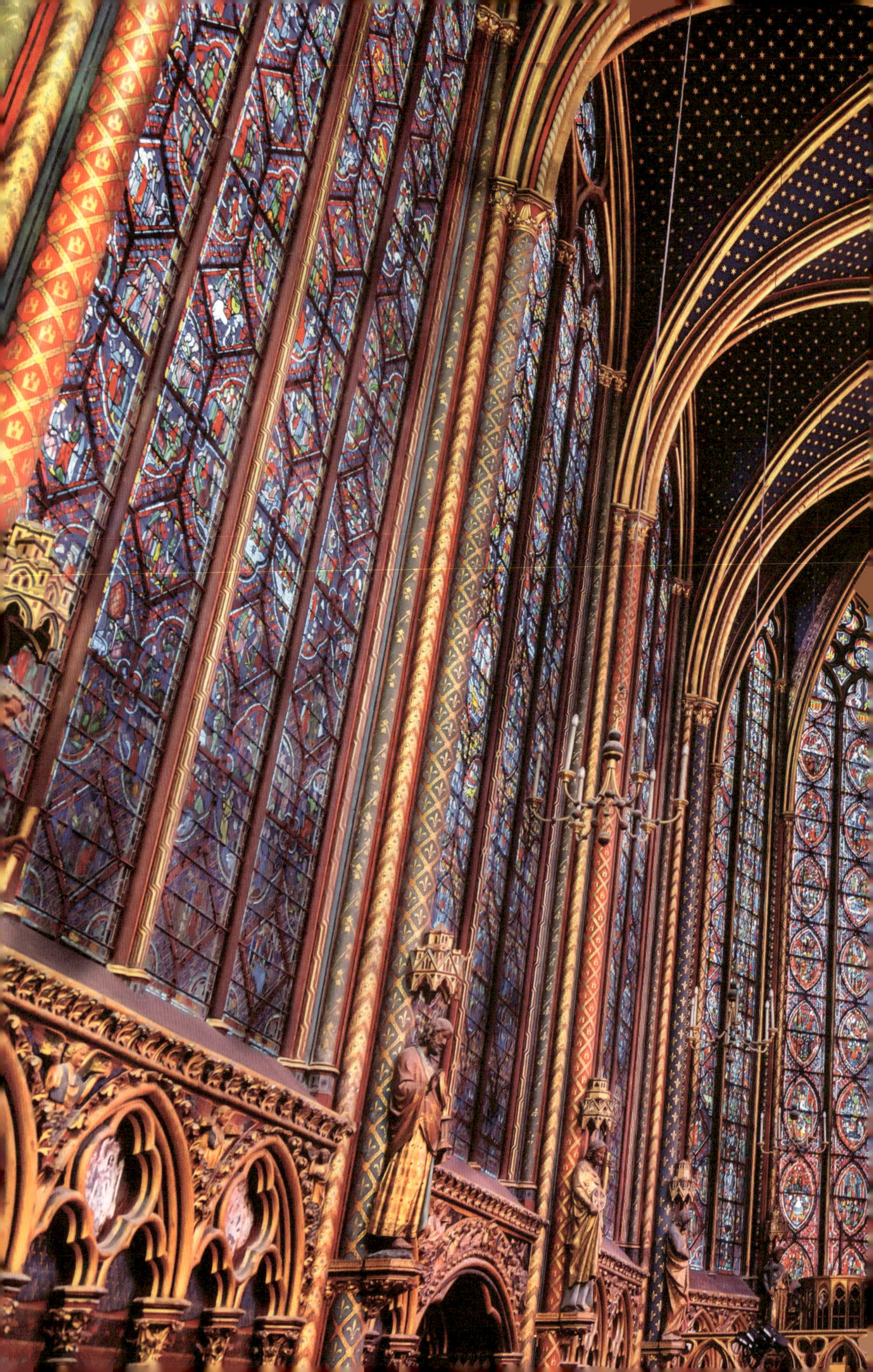

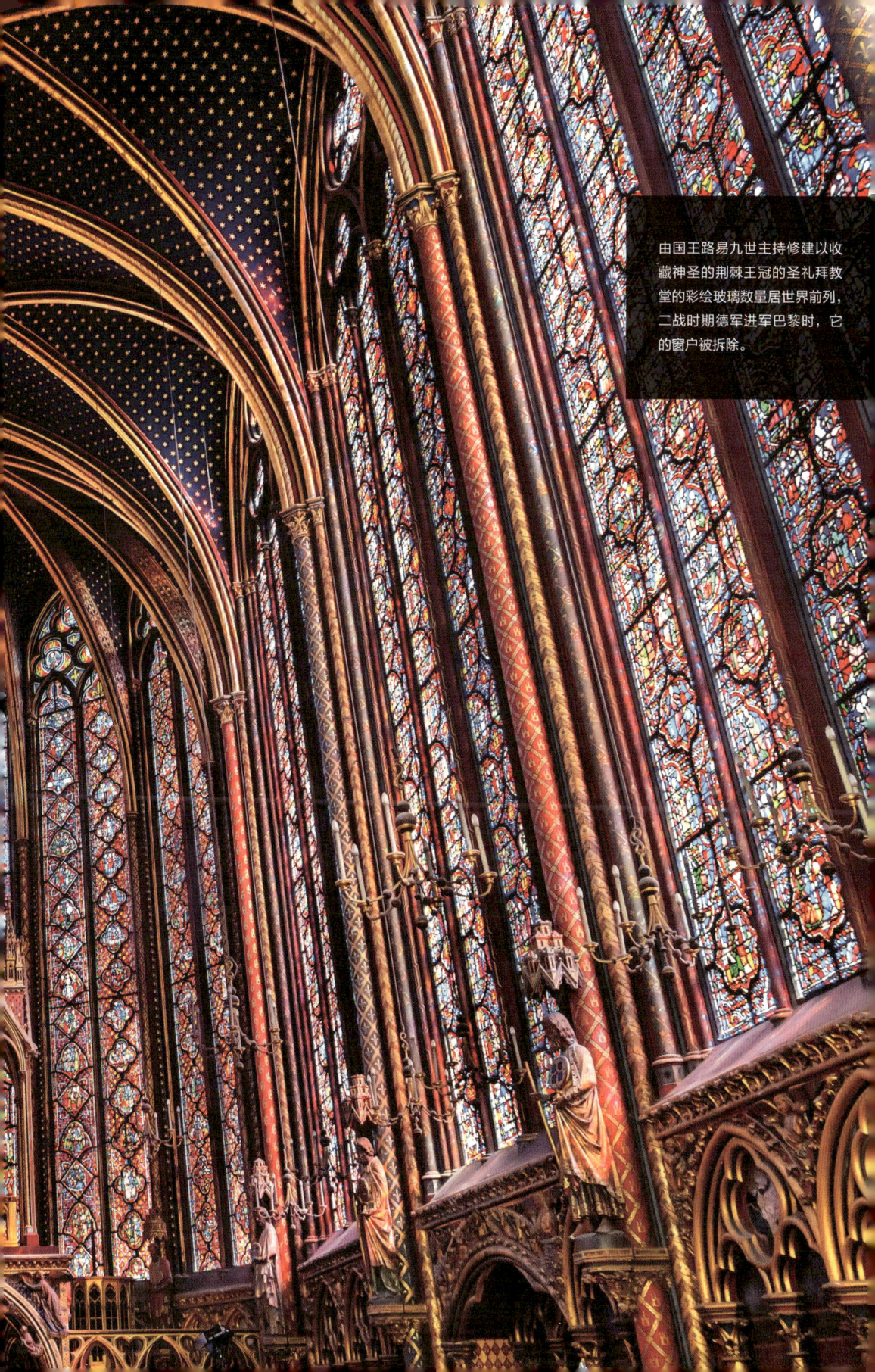

由国王路易九世主持修建以收藏神圣的荆棘王冠的圣礼拜教堂的彩绘玻璃数量居世界前列，二战时期德军进军巴黎时，它的窗户被拆除。

在国王腓力四世统治下，多人被活活烧死。绞刑、鞭刑和其他刑罚，如挖眼，都是公开处刑的常见形式。

这样的统治方式被一直沿用，直到1789年社会和政治危机发生。在国王腓力四世统治下，国家运转的花费几乎比一个世纪前国王腓力二世统治时多七倍，其中一些钱花在了修建宏伟建筑上。腓力四世制订了宏大的计划，打算重建腓力二世的西堤宫，将它建造成"法兰西有史以来最美丽的地方"。为了填补空虚的国库，他征收了新的税赋，包括"保家卫国税"，没收了富有地主的土地和财产，并使货币贬值引起通货膨胀。他以放高利贷为罪名下令将所有犹太人驱逐出法兰西，并没收了他们的财产，还有一些犹太人被烧死在火刑柱上，以儆效尤。

接下来，他将目光转向十字军圣殿骑士团，他们刚刚在巴黎城墙外建立了奢华的飞地。骑士团极其富有，他们掠夺了其他十字军团，并将这笔钱借给其他国家，从而财产翻了几番。法兰西社会憎恨他们，不仅因为他们巨大的财富和在巴黎招摇的住宅，还因为据传他们公开发展同性恋。

1307年，国王腓力四世指控十字军团同性恋、异端邪说、巫术以及其他一些罪名。他这样描述他们的罪行：

"这是一件可鄙又可怜的事，满是苦涩和哀痛，这是禽兽的行为，想到这件事没人不害怕，听到这件事没人不恐惧，这是闻所未闻的犯罪，这是人们所

下图：当十字军圣殿骑士团团长雅克·德·莫莱受火刑时，他推翻了之前在严刑逼供下认的罪，并诅咒国王腓力四世和教宗克莱芒以及他们的子嗣。

听过的最违反人性的残暴行为。"（腓力四世，《圣殿骑士团史》，查尔斯·艾迪生译）

国王腓力四世称根据令人恐惧的宗教裁判所的审判结果没收十字军圣殿骑士团的土地和财产是正当行为。若有必要，将对圣殿骑士团成员严刑逼供：

"在举行审判之前，你要通知他们（圣殿骑士团成员）教宗和我们已经通过他们完美的证词，相信了他们的誓言和职业所带来的错误和罪恶；你要向他们承诺，如果他们说出事实，你会赦免他们，但如果他们不愿说出事实，那么你要让他们知道他们会被判处死刑。"（国王腓力四世，《圣殿骑士团史》，查尔斯·艾迪生译）

随后，某天晚上，恐怖开始了。宗教裁判所突袭了圣殿骑士团的宫殿，逮捕了在场所有骑士，没收了骑士们的所有财产。很快，对骑士团成员的公开处刑就

蒙福孔绞刑架

蒙福孔绞刑架首建于13世纪，是个多隔间的绞刑架，可将犯人吊死或展示尸体以震慑罪犯。该绞刑架位于现在的肖蒙山丘公园附近，高10米（约33英尺），有16根立柱，能够一次性容纳几十具尸体。有时尸体会被挂在上面长达三年，使该地因乌鸦成群而臭名昭著。寒冬时期，狼群也会啃食残肢。该木制绞刑架后用石头重建。17世纪旅行家托马斯·科里亚特（Thomas Coryat）这样描述它："我见过的最漂亮的绞刑架，建在一个小山丘上……有十四根毛石砌的柱子。"该绞刑架一直被使用至1629年，后于1760年被拆除。

右图：蒙福孔绞刑架建在如今的法比安上校广场附近的一座山上，中世纪时则在巴黎城墙外。

开始了：将被指控的骑士的腿绑在铁架上，将他们的脚涂满黄油，并用篝火烤他们。行刑者还会用风箱来保证火焰旺盛。大多数人因此双脚残废，36名骑士在受刑时丧命，剩下的据说都疯了。

宗教裁判所想要得到的供词十分明确：将猫作为神灵崇拜、向十字架吐口水以及残害婴儿。经受不同程度的折磨后，许多人确实认罪了，尽管他们认罪的时候已经快死了。值得注意的是，有一次138名骑士团成员被处以火刑，其中有些人在被烧死之前大喊着说他们的供词是假的。

圣殿骑士团团长雅克·德·莫莱在受火刑时诅咒了教宗克莱芒和国王腓力四世，祈求上帝惩罚他们的同谋，祸及他们的子孙。仅一个月后，克莱芒因肠癌去世；国王腓力四世也在当年晚些时候死于一场狩猎事故，人们常常认为德·莫莱诅咒的后果远不止这两次死亡事件。

国王腓力四世死前沉浸于最后的暴行之中，这使巴黎人民既震惊又好奇。在塞纳河左岸的卢浮宫对面，国王腓力四世为他的三个儿子路易、腓力和查理以及他们的妻子玛格丽特（Marguerite）、让娜（Jeanne）和布朗歇（Blanche）修建了宫殿般的住所。然而，后来玛格丽特和布朗歇被发现和她们的情人德·奥奈（d'Aulnay）兄弟在住所内私通，两兄弟随后因通奸被处刑。

腓力四世审判时没有手下留情：德·奥奈兄弟在一众兴奋的人群前被折磨、活剥皮、阉割、开膛破肚，且他们的遗体被挂在绞刑架上。玛格丽特和布朗歇的头发被剃光（第二次世界大战后那些据称通敌的女性也被以此方式惩罚）并被关禁闭。玛格丽特后被她的丈夫用两个床垫闷死，布朗歇则被允许在女修道院中度过余生。

骑士团的诅咒

中世纪巴黎人民很自然地认为国王腓力四世的早逝和雅克·德·莫莱被活活烧死时下的诅咒有直接关系。古巴黎西人十分迷信的精神传承到了中世纪巴黎人民的精神中。诅咒显然不是可以被蔑视或嘲笑的，国王腓力四世的死几乎昭示了统治法兰西三个多世纪的卡佩王朝的终结。他的三个儿子加起来只执掌王位14年，均英年早逝。

雅克·德·莫莱的诅咒似乎对巴黎有更深远的影响，且不仅限于王室后裔。这个城市进入了长达几个世纪的冲突和毁灭，带走了许多人的生命，灾难开始于1314年，即国王腓力四世去世那一年，一场大饥荒袭击了法国，包括它的首都巴黎。饥荒由几年寒冬而起，导致庄稼颗粒无收，四处食物短缺，并持续了三年，市中心（如巴黎）首当其冲：食物变得珍贵，物价疯狂上涨。

巴黎没有食物和新鲜农产品，有的是所谓的帕斯托罗（Pastoureaux），即一群不满的牧羊人、脱下法衣的神父、失业的农民和各种骗子。暴民们（帕斯托罗）将饥荒归咎于国王不能发动十字军，他们掠夺了城市、袭击了司法机构，还洗劫了圣日耳曼德佩修道院。然后这群暴民将犹太人圈禁起来，在西堤岛将其中许多人活活烧死。

国王路易十世（Louis X）——国王腓力四世的儿子，他的妻子玛格丽特的谋杀者——清空了所有监狱，显然是为了赎罪。可以预料地，犯罪率疯狂上涨，无法控制，巴黎街道都流淌着红色的血。为了应对城中犯罪率激增，蒙福孔绞刑架超时工作。

路易十世灾难般的统治只持续了两年，此后，腓力五世（Philippe V）和查理四世（Charles Ⅳ）先后即位。1328年，查理四世死后无嗣，卡佩王朝的统治结束了。当时，路易十世的妹妹伊莎贝拉是国王腓力四世唯一存活的孩子，但克洛维一世颁布的《萨利克法典》禁止女性后裔继承王位，英格兰国王爱德华三世（Edward Ⅲ）是国王腓力四世的外孙，也是正统继承人，但让英国人继承法国王位是无法想象的。因此，王位由腓力四世的侄子瓦卢瓦伯爵腓力继承，他成为法兰

下图：路易十世也被称为顽固者路易，是个不值一提的国王，他在位时，战争不断，长年饥荒。

1320年，一群愤怒的人，被称为帕斯托罗，袭击了巴黎，抢劫了一些建筑，杀了城市里很多犹太人。

西新王朝的第一位国王腓力六世（Philippe Ⅵ）。尽管爱德华三世愿意臣服于腓力六世，但由于腓力六世害怕爱德华三世密谋造反，还是收回了爱德华三世的阿基坦公爵领地。此后他们关系恶化，爱德华三世质疑腓力六世继承法国王位的正当性，百年战争由此爆发。

自征服者威廉1066年入侵英格兰以来，英格兰国王在法兰西境内一直保有一些土地，这也是大战的根本原因。由于爱德华三世有法兰西境内领主的支持，这场战争看起来有些像内战。战争自1337年爱德华三世决定自封为法兰西国王开始，一直持续到1453年英格兰失去在法兰西境内的最后一块领地。百年战争断断续续又似乎没完没了，给巴黎的日常生活带来极大压力。

这场战争最明显的直接结果就是大批难民涌入巴黎以躲避英格兰军队的暴行。相应地，巴黎人民又一次因巴黎被压迫到达临界点而愤怒，因而奋起反抗统治者。阴谋、公开处刑和小偷小盗数量激增，因为城里人民选择不同，有的支持法兰西，有的支持英格兰，并担任了间谍、通敌者，甚至是杀手。

在百年战争期间，据说一颗彗星在城市上空盘旋了三天，然后黑死病在巴黎暴发。黑死病从东边而来，首先在马赛暴发，使人口锐减。患病者会出现的症状包括黑疖、肿胀以及腹股沟和腋下生疮。当时的医生当然既无法理解这种病，也没有办法治愈它，但所谓的"瘟疫医生"还是十分愿意尝试治疗黑死病病人。

右图：图中一名瘟疫医生正试图割开病人的疖子治病。黑死病在巴黎蔓延了一年，巴黎人口减少了一半。

瘟疫医生穿着具有保护作用的衣服，其中包括带有长鼻子的鸟喙状面具，他们试着割开疖子、放血并让病患喝由炼金术士调制的很难喝的混合物。其中很多庸医很快也出现黑死病的症状，还有巴黎的奥古斯丁会修女也一样——她们十分尽心地为将死之人提供安慰。

巴黎无法应对这么多死亡人数，最高时一天超过700人，这座城市的藏骸所和公墓堆满了尸体，很快很多尸体被直接留在街上腐烂。能离开城市的人都离开了，患病的人通常将自己锁起来并祈祷，直到同样被死神带走，其他人说着世界末日来了，开始公然酗酒、通奸以及进行其他邪恶行为。

> "这座城市的藏骸所和公墓堆满了尸体。"

许多巴黎人认为这种疾病是上帝的惩罚，开始烧死麻风病人和犹太人，因为他们都被认为是地狱的使者。猫也被视为邪恶的象征，人们把猫扔进火堆中，结果，那些传播疾病的老鼠生存了下来。最后，黑死病终于结束于1349年冬天。

寻找巴黎

黑死病结束后，百年战争很快卷土重来。随着战争在混乱和曲折的道路上继续进行，巴黎开始形成一种类似于共同的公民身份的概念，这种身份与经常定义

对黑死病的描述

黑死病在巴黎暴发时，让·德·韦内特（Jean de Venette）是莫伯特广场加尔默罗（Carmelite）修道院的一名修士。这是他对该事件的描述：

"当年一整年以及第二年，死亡的年轻人甚至多过老人，在巴黎和在整个法兰西王国死去的人，以及据说在世界其他地方死去的人，太多了，多到甚至不可能将他们埋葬。人们生病大概两三天多一点后，就会忽然死去，就好像完全健康的人暴亡。一个人可能前一天还好好的，第二天就死了，然后被埋进坟墓。病人腋窝下和腹股沟突然开始肿胀，很多时候是两个地方都有，出现这些症状必死。这种疾病或是瘟疫被医生称作流行病。1348年和1349年死亡人数之多，以前闻所未闻，见所未见。"（让·德·韦内特，《编年史》，让·比德索尔译）

这座城市的叛乱和政治暴动联系在一起。法兰西国王约翰二世（John Ⅱ）试图控制巴黎的犯罪势力，同时征收新税以支持与英格兰之间的战争，一场新的起义爆发了。

那时的巴黎情况十分糟糕，街上满是残兵败将、妓女、小偷、杀人犯和庸医。与此同时，资产阶级受到损害，因为王室没能提供必要的法律和秩序，也没有稳定的税务系统。

中世纪时期巴黎最著名的煽动民众者之一艾蒂安·马赛尔（Étienne Marcel）声名鹊起于1355年他被选为巴黎市商会会长。马赛尔倡导巴黎人民远离碍事的统治者和腐败的税收官，将命运掌握在自己手上，因此大受欢迎，他创建了一支国民军，由3000名市民组成，并重建了巴黎的防御工事。他甚至写了一部新宪法，矛头直指卢浮宫，称巴黎应由巴黎公社统治，这成为1789年和1871年革命的先声。为了强调自己的独立性，

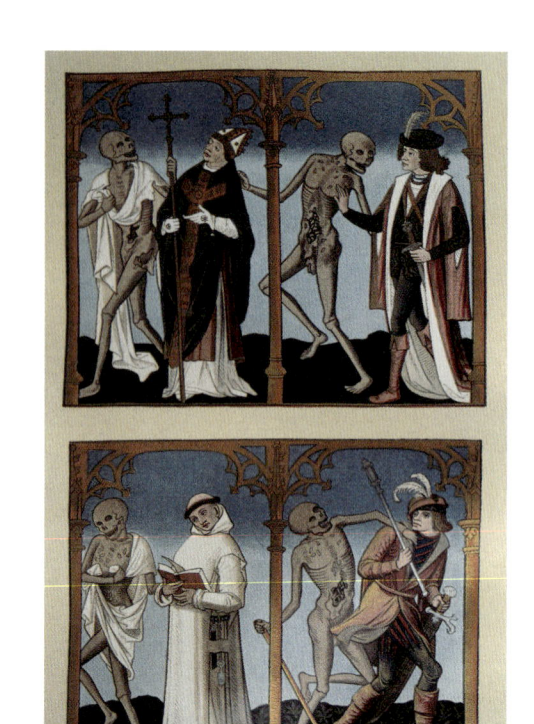

上图：《骷髅之舞》（Danse Macabré）又名《死之舞》，是一种艺术流派，最早出现于巴黎瘟疫坑的壁画上。《骷髅之舞》带有寓言意义，表现死亡的普遍性，而死亡将一切联系起来。

他在王储（dauphin）——即后来的法兰西国王查理五世（Charles Ⅴ）——面前杀了两个城市执法官。他让王储戴上红色和蓝色的头罩（马赛尔的徽章上用的也是这两种颜色），并让他走过那两个执法官的尸体。

这场杀戮和对王储的羞辱是个致命的错误，极大地降低了马赛尔的信誉。王储离开巴黎寻求支援，马赛尔派遣部分巴黎民兵支援巴黎北方的农民起义。这场暴乱被镇压后，马赛尔的支持率极大下降，而这位领导人在最终被暗杀之前不得不向英格兰求助。与此同时，王储带着歉意悄悄潜回巴黎，人民很快就原谅了他。作为回报，王储许诺以后处刑会变少，税收也不会马上上涨。作为回应，人们也帮忙筹集赎回国王约翰二世需要的赎金（当时他被监禁在伦敦一座监狱中）。

艾蒂安·马赛尔向王储展示了城市执法官的尸体,他们在王室权威被抑制时遭到谋杀。最后,马赛尔的极端主义将导致他的毁灭。

图中查理六世（Charles VI）在他其中一个清醒的时候试图镇压一场起义。更多时候他神志不清，"疯子查理"会袭击仆人、跑到筋疲力尽，还会忘记自己的名字。

Charles VI et les Parisiens en armes.

尽管表面和谐，但马赛尔的起义已经严重影响了王储和他未来的首都人民之间的关系。1364年，国王约翰二世死后查理成为国王查理五世。查理五世在圣波尔建了一座新宫殿，由新的巴士底堡垒森严守备。查理五世不想听命于他的臣民，巴黎人民也没有停止发动反抗当权者的起义。

"巴黎将在王室控制和无政府混乱状态中左右摇摆超过一个世纪。"

巴黎将在王室控制和无政府混乱状态中尴尬地左右摇摆超过一个世纪。1380年查理五世死后，一次三级会议要求废除王室税，又一轮街头暴力和叛乱及其处刑随之而起。查理五世的继任者查理六世精神错乱，导致他认为自己的骨头是玻璃做的，要求在他的衣服里加上铁棒，好让他能够站起来。查理六世统治时期政局不稳，因而引发了勃艮第派领导人勃艮第公爵与阿马尼亚克派领导人奥尔良公爵之间的战争。

勃艮第派、阿马尼亚克派、英格兰人以及查理六世的军队组成了百年战争时期占据巴黎的各方阵营，每个阵营都给巴黎带来血腥和灾难，直到1453年战争结束。由两位神父1409年至1449年写的《巴黎市民日记》(*Journal d'un Bourgeois de Paris*) 重述了这一时期很多巴黎人熟悉的灰暗生活。这本日记记录了八年瘟疫，四年洪水，数年严寒霜冻，杀死农作物的虫灾，极高的税收以及——最糟糕的是——让人无法接受的英格兰人的炖肉方式。

巴黎和法兰西最终在国王查理七世（Charles Ⅶ）统治下融合起来，变成一个团结的国家，查理七世1429年继位，1453年将英格兰人从最后一片占领区加莱驱逐出去。巴黎设法脱离了毁灭边缘，并形成了一种如今依然存在的巴黎特色。自5世纪开始，像《巴黎市民日记》这样的文章提到的"巴黎人"不仅仅是首都一员，还是有特殊思考行为方式的独立个人。

但16世纪时，巴黎人民的理想再次让位于暴民起义。和当时的许多欧洲城市一样，巴黎成为宗教极端主义的温床，天主教极端分子疯狂杀戮法兰西胡格诺派新教徒。由于战争、饥荒和疾病，接下来37年的冲突里杀了数百万人，这一冲突史称法国宗教战争。

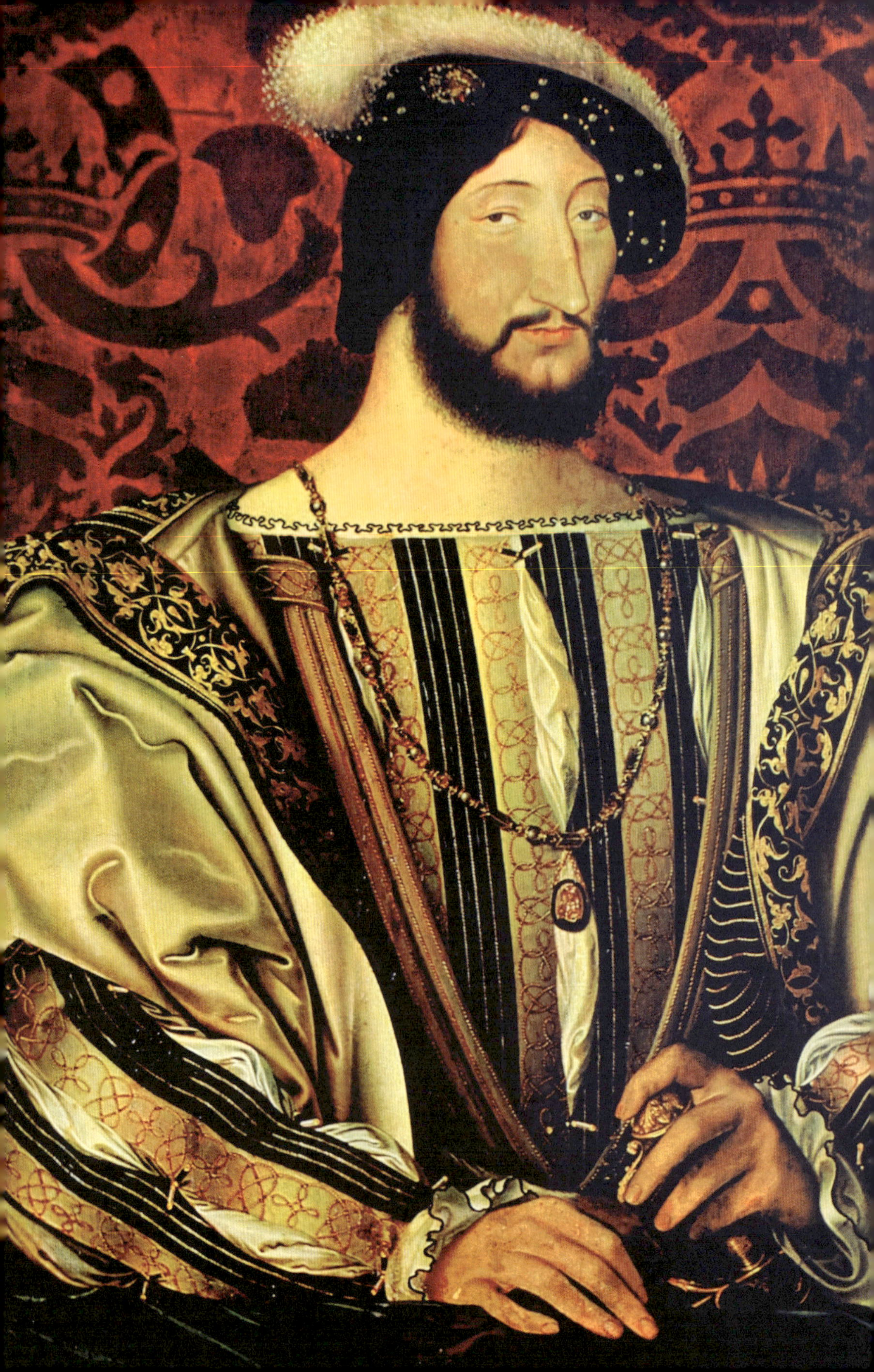

3

宗教战争

16世纪的巴黎被认为是个水深火热的城市，它被称作欧洲的罪恶和享乐中心、能够接纳任何堕落行为的欲望之都。最顶端的是国王弗朗索瓦一世（François I），他因道德败坏和荒淫无度而闻名。在他之下是他的臣民，和他臭味相投。

对页图：国王弗朗索瓦一世孩童时期疯狂迷恋骑士风范的浪漫和王室生活的浮华和礼节。作为国王，他的王宫中满是学者、艺术家、粗暴的贵族和漂亮的女人，以满足自己的各种欲望。他的绰号是"大鼻子弗朗索瓦"。

上图：这张16世纪的地图展示了中世纪巴黎的边界，是制图师乔治·布劳恩（Georg Braun）和弗朗茨·汉根伯格（Franz Hogenberg）在他们的《世界的都市》（*Civitates orbis terrarum*）中绘制的数百张城市俯瞰图中的一张。

数千名来自欧洲各地的妓女涌入巴黎。其中很多人在巴黎圣母院内外工作，从心猿意马的教徒身上大赚一笔。16世纪的巴黎大量沾染了它的文艺复兴中的邻居——意大利的艺术和文化理念。弗朗索瓦一世深受意大利影响：他大肆挥霍，用与罗马相当的财富装饰他的宫殿；他穿用最好的布料裁剪的最时兴的衣服；从著名的莱昂纳多·达·芬奇（Leonardo da Vinci）那里购买油画；邀请意大利雕塑家本韦努托·切利尼（Benvenuto Cellini）成为他的随行人员。

对当时许多巴黎人来说，切利尼是厌恶和嘲笑的对象。他既轻浮又危险，而且似乎怂恿国王弗朗索瓦一世更加荒淫无度，可能会毁了法国。若是一个世纪以前，切利尼会被控异端邪说罪名，他的尸体会和其他几十具尸体一样高悬在蒙福孔绞刑架上。但现在，切利尼反而为国王弗朗索瓦一世的宫廷提供娱乐，他们的狂欢宴会也是臭名昭著，外国权贵目睹由巴黎贵族举办的文明社会的晚宴堕落成醉鬼的狂欢酒宴时都十分震惊。

对清高的巴黎贵族而言，切利尼是16世纪放荡不羁的绅士阶层代表，许多天主教徒厌恶他，不仅因为他们认为切利尼对席卷巴黎的不符合基督教教义的欲望和淫乱负有部分责任，还因为他是个同情新教徒的人。

宗教是暗流涌动的紧张局势的核心。和周围的法兰西城市一样，巴黎是个保守的天主教中心地，面临着危险的新威胁：新教。对天主教徒而言，新教是新的阴魂不散的异端邪说。这始于1517年马丁·路德（Martin Luther）将攻击天主教会腐败行为的《九十五条论纲》钉在维滕堡一教堂门上（他因此被开除天主教教籍）。

无赖切利尼

切利尼是个随心所欲玩弄女人的无赖，却进入了意大利和法国的贵族圈子。尽管他的雕塑被认为是杰作，但切利尼大部分时间都在斗剑、通奸甚至杀人。根据他的自传，他打过女人，在决斗中杀过不止一人，有一次甚至因为巴黎执法官没有腾出国王弗朗索瓦一世许诺给他的那间公寓而袭击了他。

切利尼经常让年轻模特做他的情妇，而且被控四次不正当性行为，其中一次是和女性，三次是和男性，包括他的学徒。但任何依法对他采取的行动通常会被他暴力反击，就像他描述的那样：

"那些律师把法庭的判决送到我手上，而且我觉得自己因遭受了不公而败诉时，我就用我随身携带的大匕首自卫；我一直都喜收藏精美的武器。我袭击的第一个人是起诉我的原告；而且有一天晚上，我重伤了他的腿和手，但小心地没有杀死他，却使他的双腿失去了功能。然后我找出了另一个起诉我的人，用同样的方法对待他，最后他撤诉了。"（本韦努托·切利尼，《自传》，约·阿·西蒙兹译）

上图：尽管他因暴力和性淫乱声名在外，但切利尼确实是个开拓了风格主义的重要艺术家。

图中，亨利被长矛碎片刺穿眼睛后正被照顾。伤口感染最终夺走了他的生命。

包括国王弗朗索瓦一世在内的贵族对马丁·路德和他的新教十分感兴趣，因为他们快要因天主教的保守主义而窒息了。国王弗朗索瓦一世认为，新教代表了思想自由的新宗教，意大利就提供了自由生活的模板。他的生活极尽奢华放纵，去哪儿都带着很多妻妾、挂毯、金盘子，并用一群马来驮所有东西。王宫的一位新成员是凯瑟琳·德·美第奇（Catherine de Médicis），她是带有异域风情的意大利人，国王弗朗索瓦一世邀请她到巴黎与他的儿子亨利成婚，因此她的绰号是"国王的娼妓"。

上图：作为"国王的娼妓"，凯瑟琳·德·美第奇常常用侍女的性服务换取政治利益。她成为16世纪欧洲最有权力的人物之一。

凯瑟琳是从意大利而来的新道德倡导者，她穿那时通常是妓女喜欢的高跟鞋，把性作为达成交易和确保忠诚的一种方式，而且据说她还参与了黑魔法。凯瑟琳身边围满了占星家和炼金术士，还有9个坐自己的小马车出行的侏儒。除此之外照顾凯瑟琳的还有差不多80个侍女，她们被称为她的"飞行中队"，为政治目的进行性交易。有一次，凯瑟琳邀请一群权贵参加宴会，宴会上"飞行中队"裸着上身上菜，宴会结束后她们还提供了特殊服务。凯瑟琳还在城外举办大型活动，包括让她的仆人装扮成特洛伊人和希腊人，戏仿他们的战争，一群几乎裸体的美丽少女在塔上观看。一旦有人惹她不高兴，凯瑟琳就会毒死他们，她正是这样打发了她的占星家，称他"应该预见到了这个情况"。

但凯瑟琳对她的丈夫亨利毫无兴趣，亨利在1547年国王弗朗索瓦一世死后成为国王亨利二世（Henry Ⅱ）。亨利二世疯狂给他的情妇送礼物，还当着凯瑟琳的面坐在情妇腿上嬉戏。凯瑟琳认为亨利二世如此对待她的部分原因是她不能生下继承人，她试过用所有方式来克服问题，包括喝驴尿和在外生殖器上涂满牛粪，但这些方法都没用。在尝试了10年后，凯瑟琳怀孕了，而且接下来为亨利生了10个孩子。其中三个将来会成为法兰西国王，但接下来法兰西政坛上最有权力的人是凯瑟琳，而不是她的丈夫。

1559年，亨利因马上长枪比武中的意外而死，凯瑟琳的时代到来。比赛时一个对手的长枪碎了，扎瞎了亨利的眼睛，随后引发严重的败血症。据说尽管亨利死时还表达了对情妇的钟爱，但凯瑟琳真心地为她丈夫的死而哀悼；为了纪念他，她命人将他的宫殿夷为平地。

凯瑟琳将见证巴黎和法兰西历史上最暴力和动荡的时期之一：宗教战争，这是新教胡格诺派与天主教之间的战争，这场矛盾将人民一分为二，在这个国家肆虐了30多年。

战争开始

国王弗朗索瓦一世是个为了达到目标而改变自己的宗教信仰的法兰西国王，但他不会是最后一个。这位新教国王在他母亲和教会的压力下，以及在西班牙被监禁过一段时间后，转向了基督教。在国王弗朗索瓦一世儿子亨利二世的统治下，对新教徒的迫害正式开始。天主教有西班牙、意大利以及强大的吉斯家族的支持，它在法国根深蒂固。但随着加尔文派（新教中较为朴素的一支）的出现，新教也从许多法兰西贵族成员中获得了新的支持。

索邦大学自视为巴黎天主教的强大支持者，它用威胁和暴力迫害新教

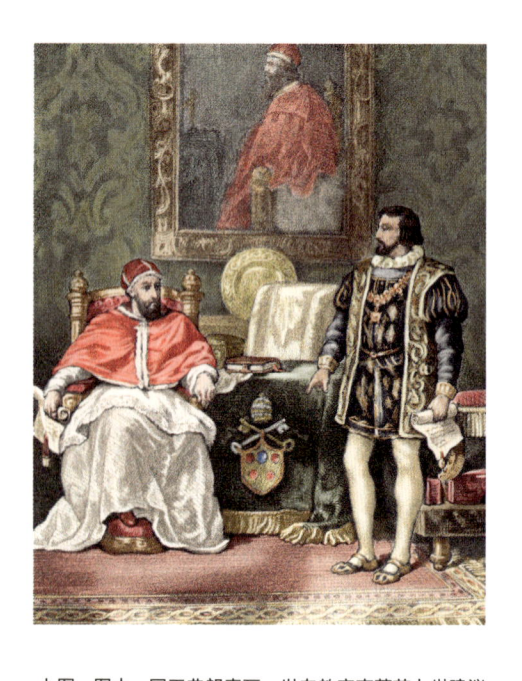

上图：图中，国王弗朗索瓦一世向教宗克莱芒七世建议发起一次会议，将天主教和新教领导人召集在一起消除分歧。这个建议最终没有被采纳。

徒。索邦大学学生袭击了新教教徒集会并杀了所有参与者。执法官鼓励这种自发行为，因为他们认为学生杀人之后他们的工作负担就减轻了。那些被判异端邪说罪的人最乐观的情况是坐牢或被驱逐，最糟糕的是公开处刑和被献祭。

天主教恐怖

在新教檄文事件出现几周后，巴黎执法官约翰·莫林（John Morin）开始天主教对新教檄文事件的报复。莫林的办法是折磨一个新教徒，直到他供认并说出参与了那次事件的另一个新教徒，然后他将告密者押送到被出卖者家里，在众目睽睽之下逮捕他。对参与檄文事件的新教徒的审判从1534年11月10日开始，三天后执行火刑。杀戮持续了几周，而且全城各处都有，好让每个人都能亲眼看见。为了使天主教徒有同仇敌忾之情，莫林在巴黎的街上举行了许多烛光游行，在这些游行中还展示了一些教堂中的圣遗物，包括圣路易的头骨、真正的十字架的一部分、传说中的荆棘王冠、耶稣十字架上的一枚钉子、耶稣在最后的晚餐时用的毛巾、一些耶稣婴儿时期的衣服，还有在十字架上扎穿他身体的矛头。

对新教徒的处刑发生在游行路线沿线的一些选定地点，如以下这个目击者的记录：

"那些将死之人首先要经历漫长且残酷的折磨，而且为了达到这个目的，设计了一个很精巧的设备。首先竖起一根插在地里的柱子，然后另一根柱子与它垂直交叉，由滑轮和绳子运作。殉教者的手被反绑在可移动的柱子一头，然后被升到空中。他会慢慢被降到下面的小火里烤一分钟之后再次被升起来，第二次被降到火中，就这样不停升起降下直到绑着他的绳子被烧断，他掉进燃烧的煤炭中，一直躺在那里直到死去。"（约翰·斯莱丹，《宗教改革史》，G.博亨译）

上图：公开火刑是常见的惩罚犯异端邪说罪的巴黎新教徒方式。

1534年10月18日，新教激进分子开始反抗天主教迫害，即"檄文事件"发生。这天早上巴黎人民醒来发现城市到处贴满了新教标语，谴责天主教关于弥撒的教义，有一个标语甚至被钉在国王寝宫的门上。据称，檄文事件将新教变为"反叛者的宗教"，而且无疑使天主教对于异端本就毫不妥协的态度更加强硬。仅仅在亨利二世统治的前三年，就有大约500名新教徒（"异端邪说者"）被判死刑。

1562年，对新教徒的另一暴行发生在巴黎城外一座名叫瓦西（Wassy）的小镇。和许多法兰西小镇一样，瓦西人民也分为天主教徒和新教徒，同样被天主教狂热教徒统治，瓦西的统治者是吉斯公爵。有一天吉斯公爵和他的手下出门时，撞见一群新教徒在小镇附近的一个谷仓中举行神秘仪式。随后发生了一场乱斗，公爵一只眼睛受了伤。他十分愤怒地命令他的手下将小镇围住，烧了那个谷仓，杀死了63名新教徒，伤了100多人。这场大屠杀引起全国各地不同宗教派别之间的对抗，被认为是宗教战争的开端。

瓦西大屠杀只是针对法兰西新教徒的几次大屠杀之一，而且绝不是规模最大的，但它使一大批新教徒受难者涌入巴黎，一些是为了寻找庇护和安全，其他的则直接向吉斯家族和教宗本人发起挑战。

宗教暴力事件成为巴黎人民日常生活的又一部分，直到凯瑟琳·德·美第奇颁布法令，允许新教徒在家中进行宗教仪式。凯瑟琳接替她的儿子国王查理九世（Charles Ⅸ）成为法兰西摄政王。查理九世在1560年继承死去的兄长国王弗朗索瓦二世（François Ⅱ）的王位时年仅10岁。凯瑟琳的目的是在两个宗教派别之间保持中立，并找出两边都能接受的温和的解决方式。

下图：发现新教徒在谷仓中进行宗教仪式后，吉斯公爵命人将他们杀害并将谷仓夷为平地，接下来的瓦西大屠杀引发了宗教战争。

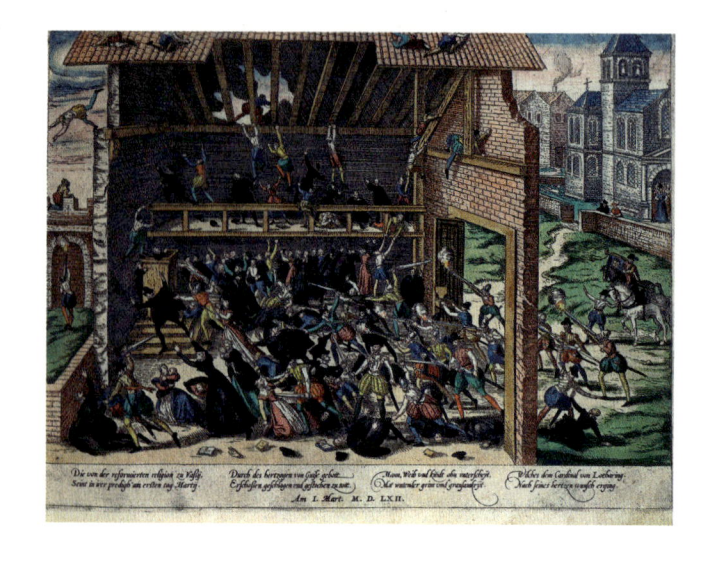

失败后，她试着用王室统治方式，通过传承已久的外交策略——王室婚姻将两个派别联合起来。

凯瑟琳决定促成的婚姻双方分别是天主教王室瓦卢瓦的玛格丽特和新教贵族纳瓦拉的亨利，即后来的国王亨利四世。凯瑟琳向法兰西所有大贵族家庭发出请柬，在巴黎四处举行了奢华的宴会、聚会和舞会。和这种庆祝形成鲜明对比的是许多巴黎人民遭受的极度贫困。但即使这样，1572年圣巴托罗缪前夜，新教徒和天主教徒还是挤满了首都，亲眼见证巴黎圣母院外公共广场上的婚礼。随之而来的是一个欧洲国家的首都经历过的最残暴、持续时间最长的大屠杀之一。

上图：图中，纳瓦拉的亨利，即将来的国王亨利四世向未婚妻瓦卢瓦的玛格丽特献殷勤。他们在巴黎圣母院的婚礼将成为鲜血浸染的针对城里新教徒的圣巴托罗缪大屠杀的背景。

圣巴托罗缪大屠杀

究竟是谁下令由吉斯公爵带领巴黎城里的天主教徒屠杀新教徒，仍然不清楚。据说，是国王查理九世下令"把他们全杀了，这样就没有人因此谴责我了"。也有有力证据证明查理的母亲凯瑟琳·德·美第奇参与其中，尤其是下令刺杀新教徒支持者海军上将加斯帕尔·德·克利尼（Admiral Gaspard de Coligny）领主，他深受他的人民爱戴，凯瑟琳觉得如果克利尼反对王室，那他可能会对瓦卢瓦家族的延续形成真正的威胁。

克利尼和其他几个高调的巴黎新教徒被杀标志着一场毫不留情的全城屠杀开始，接下来的几天几夜里，宗教仇恨、仇外情绪以及以前的矛盾都用流血的方式解决。暴力行为被火上浇油，一开始针对

"暴力行为被火上浇油，一开始针对的是公众。"

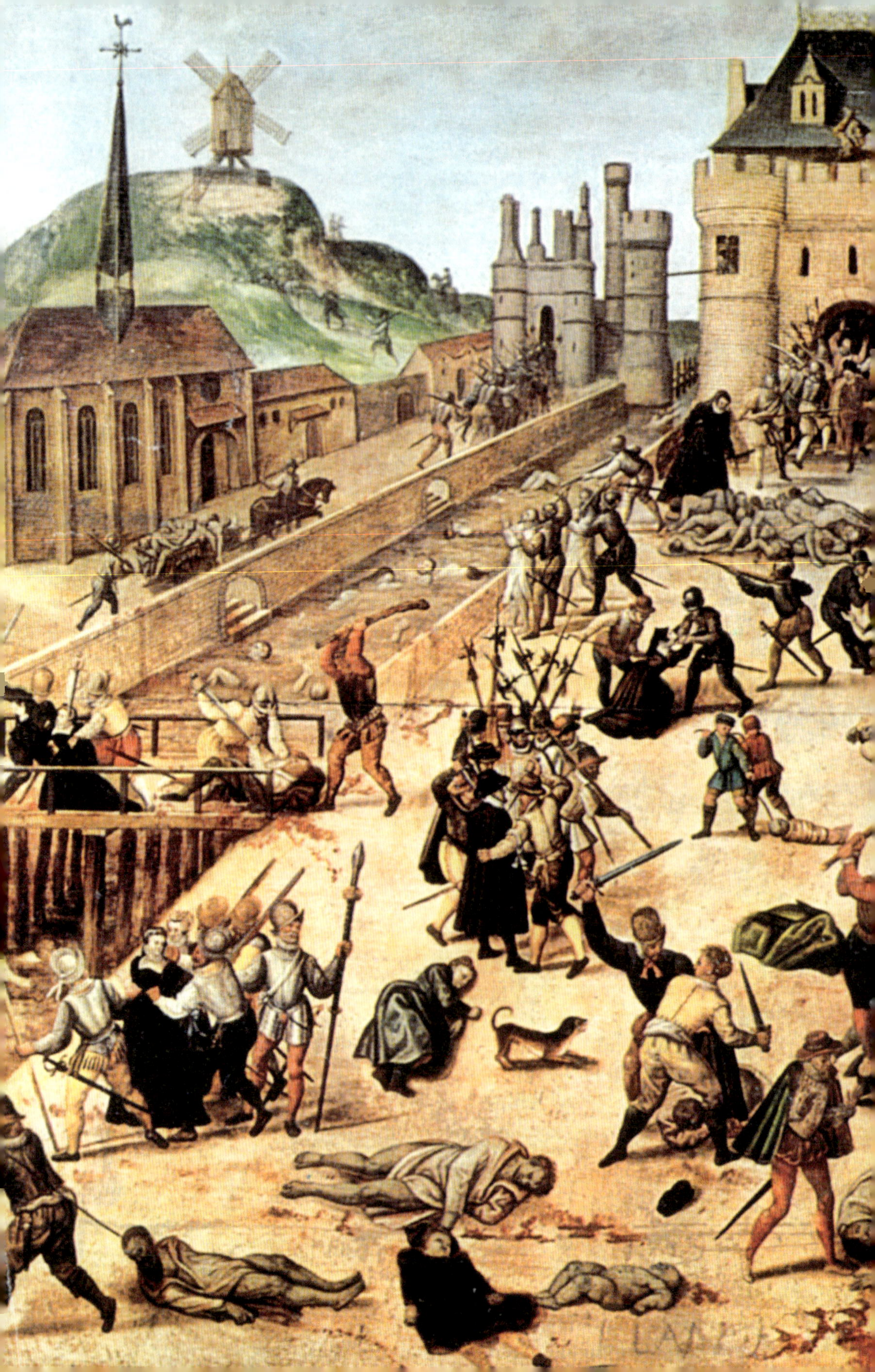

加斯帕尔·德·克利尼领主被杀，尸体被挂在一扇窗户上，这成为圣巴托罗缪大屠杀的开端。凯瑟琳·德·美第奇从卢浮宫看成堆的新教徒尸体。

克利尼被杀

法兰西政治家雅克·奥古斯特·德·图（Jacques Auguste de Thou）年轻时见证了那场大屠杀，他在他的《当代历史》（被天主教会禁止的出版书）中这样描述克利尼的死：

"同谋者闯进宫门时，贝斯梅手持剑，问当时正站在门边的克利尼：'你是克利尼吗？''是的，我就是，'克利尼答道，脸上没有一点惧色，'但年轻人，请你尊重一下我这个老人，你是谁？你想做什么？你不能把我的生命缩短很多天。'在他说话时，贝斯梅一剑穿过他的身体，拔出剑后又一剑穿进他的嘴里，将他毁容了。就这样，克利尼倒下了，被刺了很多剑……然后吉斯公爵从庭院里问贝斯梅事情是否办完了，贝斯梅回答已经办完时，吉斯公爵回答说骑士德·昂古莱姆看见尸体才能相信事情真的办完了，在他说出这个要求的同时他们将克利尼的尸体从窗户扔进了庭院里，被毁容的脸上满是血。德·昂古莱姆几乎不敢相信自己的眼睛，当他用布擦掉克利尼脸上的血并最终认出他后，有人说他一脚把克利尼踢开了。不管事实如何，当他和他的随从一起离开宫殿时，他说：'振作点，朋友们！让我们把已经开始的事彻底结束吧。这是国王的要求。'他一直重复着这句话。他们敲响宫殿的钟时，全城各处响起喊声，'拿起武器！'人们冲进克利尼家里，克利尼的尸体经受过所有羞辱后，他们将它扔进附近的一个马厩里，最终把头砍下来送往罗马。他们还阉割了他，拖着克利尼的尸体游街，一直到塞纳河边。这是克利尼之前就几乎已经预见的事。一些孩子正要把他的尸体扔进塞纳河中时，人们把它拖出来放在蒙福孔绞刑架上，脚朝上用铁链缠住；然后他们在尸体下生起火，烧了他的身体，但火焰没有把他吞噬。经过这样的折磨，可以说克利尼经历过所有刑罚了，因为他在地上被杀，被丢入河中，在火上被烧，最终被挂在空中。"（雅克·奥古斯特·德·图，《当代历史》，塞缪尔·巴克利译）

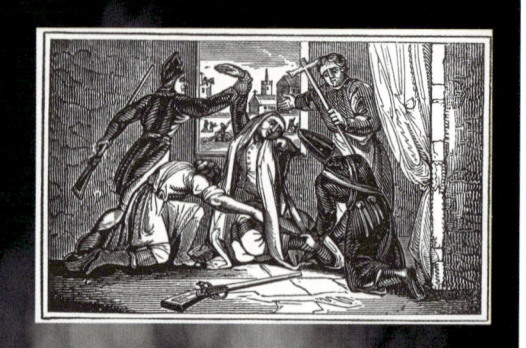

上图：克利尼在死前不断喊道："至少我死在士兵手里，而不是死在仆人手里。"

的是出来参加婚礼庆祝的公众：赤手空拳的男人、女人、小孩和老人。很快城里到处都是尸体，有些就躺在他们倒下的地方，有些被拖着穿过大街，等着被丢入塞纳河中。目击者说塞纳河几乎被尸体堵塞，流动的河水都被血液染成红色。在草地上挖了许多大坑，这样尸体就能很快地被掩埋。

房子被抢被烧，富有的新教徒可以用钱买命，其他新教徒在死之前被强迫背诵天主教祷词。有时屠杀以模仿异端邪说罪的处刑方式进行——把人活活烧死。许多谋杀都是设计好的，由5000个民兵听令，受150个队长指挥，这些队长受命于吉斯公爵。每个队长都负责一个特定的dizaine——特定街道的附近区域——以及动员其中的居民。许多历史学家认为这场大屠杀是有预谋的，提前计划了几年，民众的自发暴力行为只是大屠杀的点缀。圣婴公墓里一株老朽的山楂树迸发生机时，天主教徒开始庆祝，他们认为这个奇迹发生是因为上帝对他们的行为很满意。

很快，暴力行为传播到其他城市，记载中有跟巴黎相似的对新教徒的大屠杀，但没有任何一次比得上发生在巴黎的圣巴托罗缪大屠杀，此次大屠杀多达3万人以上帝之名被杀。

如果巴黎的天主教暴徒相信圣巴托罗缪大屠杀能够改革王室、结束巴黎的堕落，那么他们错了，亨利三世是瓦卢瓦王朝最后一个统治者，他将以前所未知的方式抹黑王室。

凯瑟琳·德·美第奇的另一个儿子亨利三世（Charles Ⅲ）在他的兄长查理九世死后的灰暗时期继位了。官方记录中查理九世死于肺结核，但很多人怀疑他是被凯瑟琳毒死的，因为她认为他是累赘，查理九世总是很脆弱，而且显然对圣巴托罗缪大屠杀怀有罪恶感，

上图：亨利三世和母亲凯瑟琳·德·美第奇在王宫中参加舞会。亨利因为身着女装和周围女性化的男性，变成人民嘲笑的对象。

他经常朝他的母亲吼道："这么多血腥！这么多人被杀！我听从的是恶魔的建议……除了你还有谁引起了这一切？上帝在流血，这一切都因你而起！"作为反击，凯瑟琳称查理九世是疯子，但她无法长久忍受他的哀嚎。

查理九世的弟弟亨利三世浮夸张扬，他总是大肆宣扬自己是双性恋，还穿女人的衣服，因此惹怒了他的臣民，被称为"索多玛王"[①]，他除了睡觉就是和一大群女性化的年轻男性厮混，他们被称为宠臣（mignons），或"小可爱"。对普通民众而言，宠臣代表所有法兰西和其统治者的错误。巴黎因谋杀和叛国而国际闻名，"巴黎人"成为堕落、盲信和谋杀的代名词，"巴黎人"成为贬义词，这种用法的核心是真实的：精英阶层暴力不道德，人民也一样。

宠臣

亨利三世的宠臣深受普通巴黎人民嘲笑，他们认为因为这些人国王才会有女性化和在宫廷里穿女装的倾向。皮埃尔·德·莱斯图瓦勒（Pierre de L'Estoile）的日记提供了当时流行的看法：

"普通民众开始频繁谈论宠臣，他们厌恶宠臣，不仅因为他们愚蠢傲慢的态度以及女性化和夸张的妆容和服饰，更因为国王送给他们成堆的巨额礼物。人们认为宠臣是使他们贫困的原因……这些漂亮的宠臣用润发油，头发卷了又卷，还和妓女一样用小软帽将头发罩起来。宠臣衬衫的领子又硬又宽，导致他们的头像放在盘子里的圣约翰的头一样……他们最喜欢的消遣是赌博、渎神、跳舞、吵架和通奸。"（皮埃尔·德·莱斯图瓦勒，《回忆录与日记》，南希·

下图：图中保罗·斯图亚特·德·科萨德·德·圣梅格兰正展示亨利三世宫中的流行着装，他是国王最爱的宠臣之一。

---

① 索多玛是圣经中记载的一个性开放的城市。

罗尔克译）

巴黎街道满是乞丐、妓女、小贩、小偷、醉酒的人和散漫的士兵，其中许多士兵已经几个月没有收到津贴，他们持刀抢劫，酗酒，还在街上强奸妇女。许多桥和小巷都被称作禁入区，大多数遵纪守法的巴黎公民不敢在天黑之后出门。

在巴黎抢劫犯十分猖狂，小偷也被安排了特定角色：冬天时兼职工作的乞丐；假装被抢劫的小偷，他们的同伙持刀抢劫想要帮忙的路人；还有些人拿着他们房子被烧的证明勒索好心的基督徒。

许多人为街上的堕落行为指责亨利三世，另一些人则将矛头指向他的母亲凯瑟琳·德·美第奇，这时宗教偏执之上又加了一层仇外情绪，他们害怕且憎恨外国人。1589年凯瑟琳死时，巴黎人民希望能够将她的尸体扔进塞纳河中，这是最严重的侮辱。亨利在宫廷与吉斯家族强大的天主教联盟之间日益激烈的权力斗争中被孤立，然后被暗杀。

上图：尽管凯瑟琳·德·美第奇尽力约束亨利三世的过度行为，把他变成了模范国王，但这两个王室成员在死时都被公众所恨。

巴黎全城庆祝了亨利的死，并在街上游行，大喊"暴君已死"。在本应哀悼的时候，整个城市一片节日氛围，而且路灯常亮不熄，好让人们在晚上也能庆祝。许多人向埋在科德利埃教堂的国王尸体吐口水。巴黎的统治权落入天主教联盟及其十六人议事会手中，他们立即承诺将巴黎所有新教徒一次性解决。国王亨利三世的继任者国王亨利四世是胡格诺派，他必须用暴力夺回他的新首都。

围攻巴黎

国王亨利四世（Henry IV），也就是纳瓦拉的亨利，大约18年前在巴黎举行了

亨利三世遇刺

"当时大约是早晨八点，国王坐在马桶上，除了肩上披着一件睡袍外，全身赤裸，这时有人说有个巴黎教士（弑君者）想会见他。得知侍卫拦着教士后，他愤怒地让他们放教士进来，说不然他会被巴黎人民指责他将教士拒之门外。教士进入寝宫并向国王进行自我介绍时，袖子里藏着一把刀，这时国王刚刚站起身，还没有穿上裤子，教士向国王深深鞠了一躬之后，向国王呈上一封布里安伯爵的信……国王以为自己没危险，下令让他的随从退下。他打开信读了起来，同时教士趁国王全神贯注时，拔出了刀深深插进国王的腹部，就在肚脐上方。国王十分费力地把刀拔出来，用刀尖在教士的左边眉毛上划了一刀，同时喊道：'啊！这个邪恶的教士想杀了我！给我杀了他！'国王的侍卫和其他随从听到他的呼喊后冲进寝宫，将教士制服在国王脚下……当天晚上，国王陛下觉得自己的生命正逐渐消逝，于是下令在他的寝宫中举行一场弥撒，并受领了圣餐。"（皮埃尔·德·莱斯图瓦勒，《回忆录与日记》，南希·罗尔克译）

婚礼，也正是这场婚礼引发了圣巴托罗缪大屠杀。现在，1590年3月，他作为法兰西国王，正在城门外，带领着一队大军打算袭击巴黎。他烧了附近的风车磨坊和土地，希望城里的人能够因为饥饿而出城。他将他的军队分成各个支队包围整个城市，他告诉他的士兵，这场围城战只需等待几周就能结束，不需要几个月。

但巴黎人民预见了亨利四世的到来，在城内储藏了足够的粮食。城里的人相信他们能够坚持得比国王更久，因为国王的焦土政策烧了他附近的粮食，他自己也无物可食。亨利四世率领12000人围攻一个20万人的城市，城中有守备军大约5万人。为了炸毁这座城市，亨利四世带了12门大炮，将它们放在蒙马特山后命令开火。16世纪时，大炮笨重，射击不准，射程也短，亨利四世开炮不仅没有使被围困的巴黎人害怕，反而使他们觉得很欢乐。

作为国王，亨利四世很有经验，但他的性子却像驴一样固执：他打算打持久战。巴黎被围三个月后，巴黎人民忍饥挨饿，陷入绝望。人们开始吃骡子、马和羊；然后开始吃猫狗和其他小动物，在城市广场上用烤肉叉烤它们。一份目击者报告显示，一群人围着水沟里的一只死狗狼吞虎咽，生吃它的内脏和脑子。

很快，每天都有人死去，尸体在街上堆积起来。很多人患了水肿病，这种病

国王亨利四世承认"巴黎值得做一次天主教弥撒"并改信天主教之后,巴黎人民热烈欢迎他进驻首都,他进入巴黎之后的第一站就是去巴黎圣母院祈祷。

导致胃胀。据说人们开始吃蜡烛油、草皮、木家具,甚至煮动物皮毛做汤。有些人开始吃墓地里的尸体,将它们的骨头磨成粉;另外的人则同类相食,他们将小孩四肢剁碎,并伪装成猎物。据报道,与此同时,教堂有多余的食物,并高价出售给富有的巴黎人。数万人在围城中丧生,有数据估计死亡人数超过5万。巴黎似乎注定要落入亨利四世手中。那些活着的人已经准备好迎接与圣巴托罗缪同规模的报复性屠杀。1590年9月下旬,奇迹发生了。

援助是通过巴黎西主干道、巴黎的生命线塞纳河送来的。西班牙军舰载满了谷物和其他食物,在亨利四世大军的眼皮底下到达西堤岛,对于亨利四世来说,这是个灾难——他无计可施,只能停止围城。巴黎得救了。

1591年,亨利四世尝试了一次特洛伊木马战的策略,派一支队伍假扮成运送面粉的农民到城门边,这些士兵被允许进城之后很快被杀,面粉则留下作为战利品。最后亨利终于意识到他要想坐稳王

"他无计可施,只能停止围城。巴黎得救了。"

位，就得改变策略。

就是这时这位国王说出了一句著名的话，"巴黎值得做一次天主教弥撒"，和之前的国王弗朗索瓦一世一样，亨利四世正式放弃新教信仰，成为天主教徒。1593年，亨利四世在圣德尼教堂举行的仪式中皈依天主教，成千上万巴黎民众悄悄出城见证这一仪式。亨利四世在和天主教联盟协商巴黎投降的条款时，双方都不愿让步，最后只有140名联盟成员受到长期惩罚；大多数联盟成员都被逐出巴黎。最后，在1594年3月，亨利四世作为法兰西国王进驻首都，在巴黎圣母院做完祈祷后，他带领着他的人民向他的寝宫卢浮宫列队游行前进。终于，巴黎有了国王，也得到了和平。

新巴黎

1594年时，亨利四世的首都和他后来留下的宏伟的建筑奇迹毫无关系。几十年的战争和苦难将这个城市摧毁，基础设施被毁坏，城里的许

跨页图：在游行中的天主教联盟由吉斯公爵组织，试图篡夺亨利二世的权力，将巴黎所有新教徒一网打尽。

多楼房都被摧毁，大多数教堂只剩遗迹，13 世纪时国王腓力二世铺设的街道也被厚厚的泥土、腐烂的垃圾和人类排泄物覆盖，马匹常常因为路上满是污泥的大坑而折了腿，下雨天走在路上一定会浑身烂泥。

卫生状况也很差，没有可用的排水系统，喷泉也都干了。塞纳河再次成为巴黎的主要淡水供应源，也是方便的污水倾倒点，人们不仅仅将污水倒在街上。因此水源常常被污染，城市里也疾病多发，仅 1580 年一年就有成千上万人感染瘟疫。

巴黎的服务业不复存在，贸易也陷入停顿：店面被封住，新鲜物资稀缺，巴黎人民被通知不要让家里空无一人，因为好斗的乞丐团伙会在街上踩点并找准时机抢劫。拷问台和轮刑等中世纪时的刑罚被用于犯抢劫罪和伤人罪的罪犯，犯了重罪的上层阶级成员被授予斩首的特权。

总体上，巴黎还是与中世纪时期大致相同：还是个灰色、戒备的城市，被防御工事环绕，中心是西堤岛，横跨河流的大型木桥上挤满了房屋，是容易发生火灾或洪灾的肮脏的死亡陷阱，也容易突然坍塌到河中。亨利四世下令将这些木桥拆了，建起宽大的石桥，桥上也没有房屋。其中最著名的是新桥（Pont Neuf），桥上很快就呈现出繁忙的城市广场的样子：许多市民到那里去散步、买卖商品，或招个妓女。

新桥只是亨利四世将巴黎重建为欧洲明珠宏伟计划中的许多项目之一。他仿照意大利经典风格，下令用砖石和大理石重建巴黎，和之前的国王腓力二世一样，亨利四世挚爱巴黎，并不遗余力改造它，他扩建了卢浮宫，修建了公共喷泉，建造了太子广场，还在塞纳河右岸建了一座小公园，如今被称为瓦尔嘉朗广场。

亨利四世将广场建造成一种"外部闺房"，有一个开放空间，国王可以与情妇和妓女一起狂欢。今天，广场作为某种露天联络处仍然出名。亨利四世本人因为他的淫欲臭名昭著：尽管据说他身上有股山羊味，他还是很受女人欢迎，有许多婚外情和情妇，并且与许多性丑闻有关。许多巴黎人对国王的荒淫视而不见，但天主教联盟的忠实拥护者却不这样。天主教联盟已经从合法组织缩小为地下恐怖组织，煽动叛乱，并招募心怀不满的天主教徒成为王室刺客。

上图：天主教狂热分子弗朗索瓦·拉瓦莱克在暗杀国王时袭击了亨利四世的马车，那天亨利没有使用那辆新装甲意大利马车。

对于许多人来说，众所周知的"好国王亨利"就是法兰西的救世主，他统治下的16年几乎被认为是宗教战争动荡之后的黄金时代，国王的《南特敕令》中规定法兰西天主教和新教徒和平共处；他兴建了大型建筑工程，重建了巴黎人民对首都的信心；最重要的是，他为全国带来了和平。1610年，亨利四世的统治突然在血腥中被暴力终结。

17世纪中叶时，另一场暴动席卷法兰西，首都巴黎再一次陷入混乱无序中，这场名为"投石党运动"的内战将巩固国王作为专制君主的权力，后来为1789年法国大革命这场最伟大的巴黎人民起义铺平了道路。

国王亨利四世被杀

　　亨利自加冕以来躲过了至少 24 起谋杀企图，但他仍对自己的人身安全漠不关心。他的贴身侍卫尽了最大努力保护他。一辆四面玻璃窗环绕的马车——一种文艺复兴式的教宗座驾——刚刚从意大利运来。不幸的是，亨利在 1610 年 5 月 14 日的旅途中选择了一辆更旧、更薄、窗户开着的马车在巴黎狭窄的城市街道上行驶。

　　那天还出现了弗朗索瓦·拉瓦莱克（François Ravaillac），他是一位失败的神父和教师，被天主教联盟征召去杀死国王。拉瓦莱克是一个狂热的天主教徒，被灌输了上帝的战场和伟大的异端大屠杀的极端思想。他花了几天时间试图与亨利见面，然后才在城市街道上徘徊。5 月 14 日，他拿了一把大菜刀。

　　拉瓦莱克接近时，亨利的马车正停在费罗内里街一辆坏掉的马车后面。他跳进王室马车，刺了三下，其中一次刺穿了亨利的心脏。拉瓦莱克没有采取任何行动逃跑，他被亨利的随从抓住了，但这时国王已经死去。

　　拉瓦莱克因为谋杀国王，将遭受最残忍的折磨。5 月 27 日，在一群看热闹的人面前，拉瓦莱克在绞刑架上被烫伤，他的肉被烧红的钳子撕碎，还有烧沸的油倒在伤口上，然后他被绑在四匹马上，花了 30 分钟才将他的身体撕开。之后人群涌向残肢，对残肢狠踢猛打和挥砍，并将它们拖过街道，肉块被扔到篝火上，据说一名妇女甚至吃了烧焦的肉。

右图：在拉瓦莱克受刑期间，一匹马踟蹰不前，要换一匹更有活力的马。

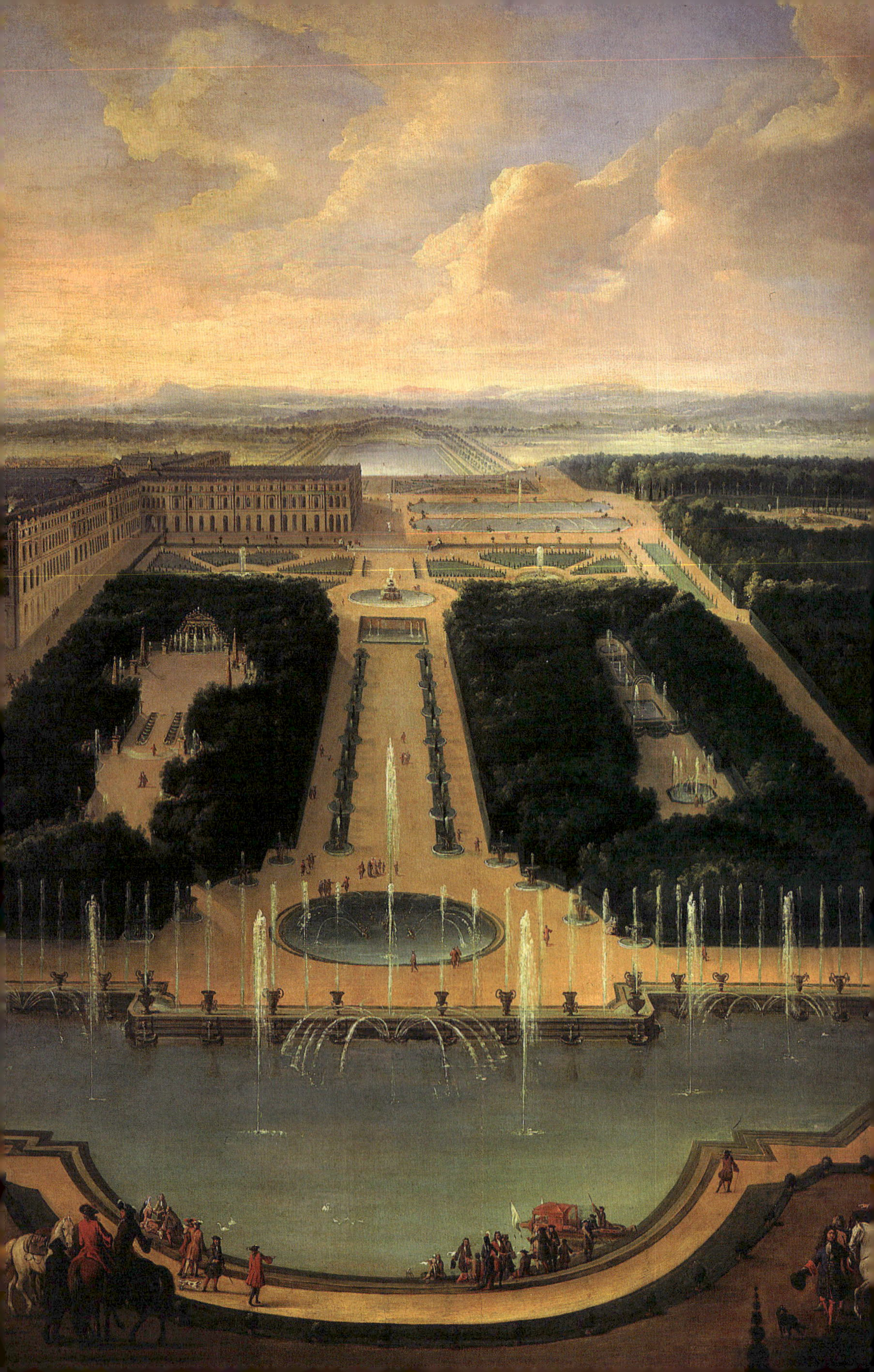

4

革命与旧制度

国王路易十四痛恨巴黎。他对这座城市最早的印象之一是在愤怒的暴民冲进他的宫中时假装睡觉。他从人民中撤退到凡尔赛宫的"镀金牢笼"中,成为旧制度的统治者,这导致了世界历史上最声名狼藉的革命。

对页图:凡尔赛是个远离巴黎麻烦的王室小镇,凡尔赛宫中心是路易十四的寝宫,是集王室典礼和控制中心为一体的地方。

作为红衣主教黎塞留（Richelieu）的继任者，红衣主教马萨林（Massarino）的首要任务是消除国内对国王的反对，同时提高他在欧洲大国中的霸权地位。

具有讽刺意味的是，让以牺牲人民为代价过着奢侈生活而闻名的君主路易十四受到如此创伤的时刻，竟是税收增加之时。一群暴民带着武器闯进王宫中，想见未来的国王，其中一人进入了寝宫，在寝宫中，九岁的路易十四正在母亲的建议下装睡，暴民被安抚之后离开了王宫。这一时刻成为影响路易十四未来政策的萌芽时期，他于1654年加冕，自称"太阳王"，表明他的统治权由上帝授予。他的统治持续了72年，是欧洲所有君主中统治时间最长的，而且不受人民限制。路易十四沉迷于权力和世俗享乐。

旧制度最终在自身的压迫下坍塌了。为了将法兰西的权力集中在自己手上，路易十四架空了所有民主机构，疏远了有权的贵族，也忽视了普通人所处的困境，最终导致1789年的法国大革命以及法兰西君主制度的终结。

投石党运动

税收上升导致民众闯进王宫，这反映了波旁王朝（亨利四世开创），也就是路易十四所在的王室的奢侈生活。波旁王朝毫无节制地在巴黎修建华丽的建筑耗费了大量钱财，和西班牙以及奥地利持续不断的战争更是使王室财政雪上加霜。

为了支付这些费用，国王的首席枢机主教马萨林在1644年至1648年推行了一系列税项，称贵族能够支付这些税，由贵族组成且独立于国王的巴黎高等法院却强烈反对。

高等法院要求国

下图：图为1652年圣安托万郊区战役中投石党被困于巴士底狱墙和巴黎城门圣安托万门之间。

王停止军事扩张政策，实施宪法和财政改革，马萨林则将法院重要成员逮捕入狱。逮捕的消息引起了公众不满，巴黎人民关了店门停了生意开始上街游行。这标志投石党运动的开始，这一内战取名于街上的儿童用于惹恼政府人员的弹弓。

投石党运动在五年之内的两次运动：1648—1649年旨在监察国王不断扩大的专制权力的高等法院投石党运动和1650—1653年不满的贵族之间争夺权力的亲王投石党运动。第一场动乱袭击了王宫，吓到了国王，因此被囚禁的高等法院成员得以释放，但这并没有制止暴乱，路易十四和他的母后安娜（Anne）逃出城外，这次王室耻辱不会被遗忘。太后安娜命令法兰西最强大的将军孔代亲王袭击巴黎并夺回控制权，这项任务比孔代亲王想的要艰巨。

"巴黎又重回熟悉的饥饿、悲惨和无序中。"

与设想的进军巴黎并镇压起义不同，孔代亲王同1590年国王亨利四世一般被迫围城，城中用来对抗他的很多武器也是那时的武器。孔代亲王一开始在巴黎赢得了几场胜利，在切断了巴黎的水源之后，他除了等待以外别无他法。另一方面，叛乱的投石党却更加成功，占领了巴士底狱。为了打破僵局，孔代亲王向投石党承诺如果他们放下武器，就能得到特赦。投石党同意之后，路易十四和太后安娜回到了巴黎。

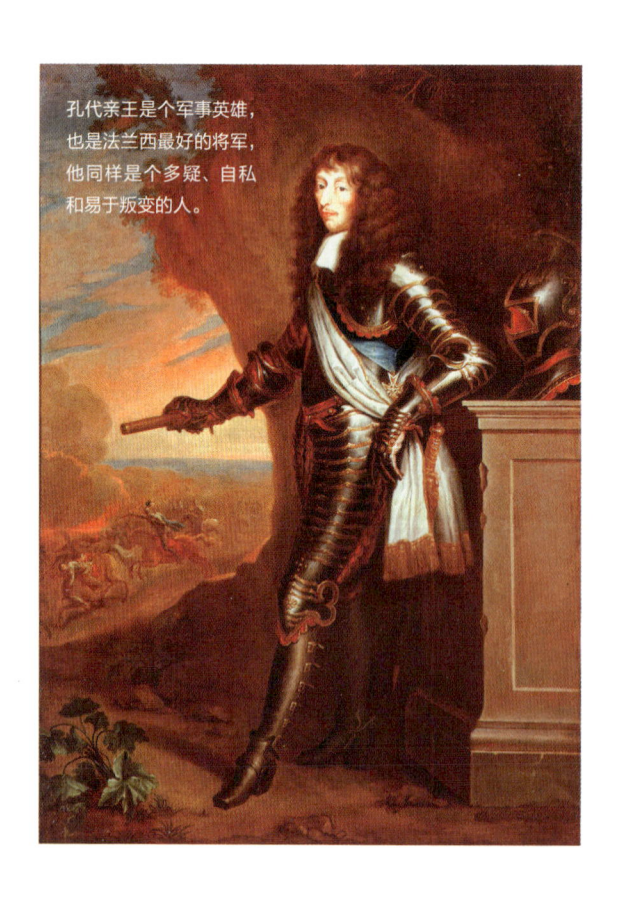

但与典型的法兰西王室政治一样，红衣主教马萨林背信弃义，逮捕了孔代亲王。原本马萨林担心孔代亲王在为国王赢回巴黎后加入投石

孔代亲王是个军事英雄，也是法兰西最好的将军，他同样是个多疑、自私和易于叛变的人。

党，马萨林逮捕他之后，反而导致了这件事发生。后来孔代亲王带着他的部下反抗国王，很快巴黎的大街都在暴民统治之下。

路易十四和太后安娜被软禁在王宫中，这是又一个路易十四不会忘记的耻辱；他也不会原谅那些反叛的贵族。对于他来说，巴黎、贵族和平民是致命威胁和危险的考验，他会尽快逃离巴黎。

上图：图为路易十四回到巴黎之后在王宫中接见效忠者，当时他被软禁在宫中，他永远都不会原谅反叛者对他的家庭的恶行。

事实上，那时很少有人主动留在巴黎，巴黎又重回熟悉的饥饿、悲惨和无序中。然后，1652年巴黎市民打开城门，迎接孔代亲王和他的部下进城，他们很快后悔了这一决定。

巴黎市政厅大屠杀

为了赢得巴黎的支持和重建秩序，孔代亲王在巴黎市政厅的会议厅组织了一场会议，参会者包括投石党、资产阶级以及神职人员，但当有人提出向国王妥协后，参会者关系恶化。有人开枪，孔代亲王的部下袭击了会议。路易十四的堂姐蒙庞西耶女公爵（Mademoiselle de Montpensier）在她的回忆录中记录了接下来的大屠杀：

"然后暴民开始咆哮，称必须杀了马萨林，烧了他的尸体，其中最强壮的一些人还试图撞破会议厅前门，同时他们的枪手朝着窗户开枪。但门很牢固，他们转而开始收集秸秆和柴把，将前门和另外两个小房间烧起来，它们很快就被烧毁了。下午四点开始点火，人们从巴黎的各个方向都能看到烟。"（《蒙庞西耶女公爵回忆

传说中的圣迹区的一个场景,一个臭气熏天的死胡同,小偷和凶手目无法纪。

录》，亨利·科尔本译）

第二天早上，一些幸存者从已经被烧成灰的市政厅地下室中爬了出来。大约100具尸体被摆在格列夫广场等待认领。

巴黎市政厅大屠杀是压倒久经战争的巴黎人民的最后一根稻草，也是孔代亲王政治生涯的终结。名誉扫地的孔代亲王偷偷离开了巴黎，投石党也默默屈服，这是1789年革命以前最后一次武装对抗法兰西王室权力，如今路易十四手握大权，他接下来的时间都将用于巩固政权。

路易十四一开始目标就非常清晰，他入驻了卢浮宫，惩罚了所有投石党成员，而且只让忠诚的人才担任行政职位。为庆祝市政厅大屠杀一周年，路易十四为巴黎举办了一场派对，并在市政厅外安放了一尊自己的雕像，一个神一般的人物，手持一道闪电，一只脚踩在带有巴黎盾徽的船上。

圣迹区

巴黎的禁区之一是圣迹区（Cour des Miracles），这个街区位于圣女修道院附近，被17世纪历史学家亨利·索瓦尔（Henry Sauval）描述为"一个臭气熏天、泥泞、不整齐且未铺砌的大死胡同……在最糟糕和最肮脏的社区之一的另一个世界"。人们普遍认为由小偷、杀人犯和妓女统治的圣迹区因乞丐而得名，他们在回家后会奇迹般地失去（或洗掉）残疾或疾病的迹象。

虽然圣迹区是一个真实存在的社区，但围绕它的传说如今被认为夸大其词了，这是因为圣迹区代表了巴黎无产阶级生活中某些不被资产阶级和王室喜欢的方面，例如贫困、移民人口以及独立于路易十四专制统治的城市自治。在现代，圣迹区有时被用来贬低通常由无产阶级移民组成的巴黎部分地区。

1661年红衣主教马萨林去世时，路易十四没有指派新的枢机主教，而是自己担任了这一职位，他向高等法院解释了新的规则：

"直到现在我都很高兴我将我的政府事务委托给已逝的红衣主教，现在我是时候自己管理这些事务了，我命令你们没有我的命令不得执行任何命令……我命令你不要在没有我的命令的情况下签署任何东西，即使是护照也不行，每天亲自向我报账，不偏袒任何人。"

高等法院很快就学会了不能在没有国王同意的情况下做任何事情。一天路易十四出去打猎时，发现高等法院在他不知情的情况下召开了一次会议，他策马数英里回到巴黎，冲进法院的会议室，挥舞着马鞭说："朕即国家！"（L'etat, c'est moi!）从此以后再没有未经国王允许的会议。

路易十四从此像罗马皇帝一样统治，甚至有人认为他会将巴黎改造成与罗马匹敌的城市。然而，当时的巴黎是一座破败不堪的城市：谋杀和盗窃猖獗，街道和房屋破败不堪，食物很少，外出也很危险：仅1643年就有350多人在巴黎街头丧生。1665年，该市警察部队的负责人刑事长官（Lieutenant Criminal）与他的妻子一同被谋杀。

新城市

路易十四为了打击犯罪分子并创建一个值得他统治的城市，和他新任命的财政大臣让－巴普蒂斯特·柯尔贝尔（Jean-Baptiste Colbert）开始规划巴黎的复兴。他拆除了国王腓力二世建造的中世纪城墙，使城市变得更加开放，目的是清除不受欢迎的人，改善城市环境。为此，新任警察首脑、警察总监（Lieutenant-Général de Police）奉命将乞丐、妓女和罪犯围捕，并将他们送到别处，这通常意味着被运送到综合医院（Hôpital General），这家医院最初为瘟疫受害者建造，在路易十四的统治下，成了任何在社会上被认为令人反感的人的收容所。到1700年，仅贫民就有1万多名被塞进综合医院。

接下来，路易十四规划了包括巴黎天文台、退伍军人医院荣军院、卢浮宫和杜伊勒里宫的新外观，方便马车通行的多条宽阔的林荫大道，还有几个凯旋门、公共喷泉和6000多盏路灯在内的宏伟工程。但这不意味着路易十四成了巴黎的朋友，他厌恶巴黎市议会，以近乎偏执的怀疑看待巴黎高等法院，并对巴黎人显然无法无条件地爱他感到困惑。国王在1685年撤销《南特敕令》，导致对新教徒的新一轮迫害。1666年，路易十四在母亲安娜去世后，开始搬进新宫殿凡尔赛宫中。

毒药事件

所谓的毒药事件，是一项谋杀案调查，路易十四的宫廷成员因谋杀和巫术罪名被判刑，毒药事件是那个时代的重大丑闻。它始于1676年对布兰维利耶侯爵夫人的审判，她和她的情人因毒害她的父亲和两个兄弟以继承他们的财产而被判有罪。布兰维利耶侯爵夫人在水刑（其中包括向受害者体内灌水）的折磨下承认了这些罪行。然后她被斩首并被烧死在火刑柱上。

审判似乎揭露了一群囚犯、算命先生和炼金术士，他们被指控向一些法国贵族出售毒药和壮阳药。被告中最出名的是凯瑟琳·蒙瓦森（Catherine Monvoisin），绰号"拉·瓦森"（La Voisin，意为邻居），涉及路易十四核心圈子的几名成员，包括他的情妇蒙特斯潘侯爵夫人，她被指控犯有几项罪行，包括企图毒害她的对手丰唐热公爵夫人，给国王喂壮阳药，以及参加黑魔法仪式以确保国王的宠幸。

拉·瓦森的同谋者艾蒂安·吉堡（Étienne Guibourg）神父证实了对蒙特斯潘侯爵夫人的指控。艾蒂安·吉布身体畸形且一只眼睛失明，他描述了一次"黑弥撒"，通过将十字架放在裸体女人的腹部来召唤魔鬼。他还供认了对一婴儿的屠杀和开膛，婴儿的血液、内脏和磨碎的骨头被用于制作蒙特斯潘侯爵夫人喂给路易十四的药水。

无论指控背后的真相是什么，路易十四都不会允许陪伴他17年且为他生了几个私生子的情妇在火刑柱上被烧死，他命令将蒙特斯潘侯爵夫人无罪释放，她在王宫短暂停留后，被流放到一座修道院，在那里度过了她余生的17年。1682年，拉·瓦森和其他32人因使用巫术而被处以火刑，毒药事件就此结束。

下图：布兰维利耶侯爵夫人因胃里装满水而饱受折磨。她最终承认了被指控的罪行。

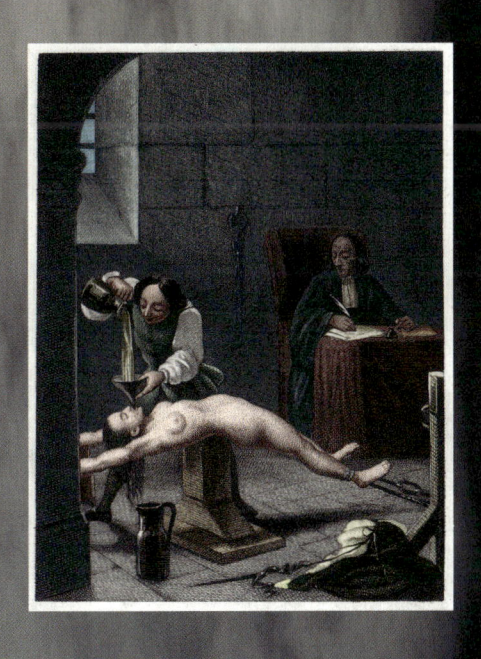

上图：路易十四和他的宫廷成员在凡尔赛宫广阔的土地上享受忒提斯洞穴。宫殿花园占地800公顷，其设计占据了路易十四的大部分时间。

从巴黎到凡尔赛

　　毒药事件象征着路易十四在巴黎任期的结束。1682年，路易十四永久搬到他在凡尔赛的新宫殿，并在接下来的44年中多次访问他的首都。然而，国王在凡尔赛宫的生活将对他的首都产生巨大影响，不仅在他的统治期间，而且在其后的100年里也是如此，因为在凡尔赛时代，他确立了对法国贵族、教会和资产阶级以及整个国家的绝对权威。在他的领导下，法国成为欧洲超级大国之一，他一个人对每一个决定负责。被剥削的第三等级受害最深，这些公民既不是神职人员也不是贵族，却是法国社会中唯一纳税的公民，这些税收为路易十四和他的数百名朝臣提供了各种想象得到的奢侈，他的人民却无法享受。然而，第三等级将在1789年进行报复，当时它起来反对君主制。

路易十四迁往巴黎西南约20千米（12英里）的凡尔赛宫，是他控制贵族的更大计划的一部分，他在广阔的宫殿中为他的宫廷建造了350套寓所。凡尔赛宫廷生活的方方面面都经过精心设计，不服从意味着王室恩惠的终结，在极端情况下，这意味着流放和死亡。路易十四将凡尔赛宫建造成一个"镀金的牢笼"，在那里他可以控制贵族生活的方方面面，他会让他们忙于奢侈的宴会、舞会、狩猎旅行和戏剧表演，也因此，他们失去了自由。

上图：路易十四坐在他最喜欢的朝臣中间，身着Justaucorps à brevet，一种专为50位最尊贵的贵族设计的蓝色丝绸夹克。

"凡尔赛宫廷生活的方方面面都经过精心设计。"

王室着装

路易十四控制着贵族的一切，甚至包括衣橱里的细节。他说，合适的着装会"鼓励忠诚，满足虚荣心，给外界留下深刻印象"。他以身作则，戴着假发，穿白色袜子，鼓励贵族穿红色高跟鞋，象征着"他的宫廷成员高于其他人"。最珍贵的服装是Justaucorps à brevet，一种蓝色丝绸夹克，上面绣有银线和金线，只有50位朝臣可以穿，当这些朝臣中的一个去世时，他的夹克是可以传给另一个人的宝贵遗产。

路易十四要求每个朝臣在每次正式活动中都必须有不同的服装，这意味着朝臣必须花费大量资金在服装上。通常这些衣服不仅显露穿着者的财富，而且非常不舒服、不实用、难以保养。一般来说，一套服装的价格取决于它使用的布料数量，但由蕾丝制成的较小的物品可能会非常昂贵，例如，贵族的花边领结的价格在今天与豪华跑车甚至小型游艇相当。结果，许多朝臣为了保持时尚而负债累累，不得不向路易十四贷款以购买新衣服，这确保了凡尔赛宫的贵族们囊中羞涩，并且全神贯注于王宫事务，无暇考虑叛乱。

在凡尔赛宫，国王生活的方方面面都是公开表演。对于朝臣来说，最大的荣誉是被允许出席路易十四早上 7 点 30 分的 petit levée，即晨起仪式。首先是国王的医生进行的检查，然后对王室洗手间进行集体访问，以及帮助国王穿上衬衫——这是最高荣誉。简单的早餐后，路易十四在他的小教堂里做弥撒，没资格参加他的晨起仪式的更多朝臣聚集在周围，试图引起他的注意。

路易十四会在正午吃午饭，由一群站立的朝臣旁观，然后在晚上举行奢华的晚宴仪式。在这里，餐厅反映了宫廷中复杂的等级制度，王室成员和受宠的朝臣可以坐下来一同进餐，而其他不那么尊贵的贵族成员则被邀请以站立和旁观的方式参与。到了晚上，路易十四的睡前仪式和早上的仪式类似，受宠的朝臣争先恐后地想要持有王室烛台的荣誉。

下图：与路易十四共进早餐是凡尔赛宫中极少数人的荣幸。图中，国王与剧作家莫里哀（Molière）同桌。

为了在凡尔赛宫中生存，每个朝臣都必须了解不成文的宫廷礼仪细节并虔诚地遵守它们——国王经过时必须摘下帽子，只有王子和公主可以坐在国王身边。朝臣生活的一切都由国王决定：他们穿什么，做什么，以及他们在社会金字塔上的位置。那些处于塔尖的人将获得土地、宠爱、头衔以及其他希望攀登上塔尖的人的关注。在这种环境下，罪恶是可以容忍的，但失礼可能会毁掉朝臣的人生。对于底层的人而言，凡尔赛宫意味着一个狭窄、幽闭的存在，一个朝臣可以悄无声息地破产，同时被完全忽视。

路易十四鼓励虚荣心、性阴谋和其他追求，以分散贵族对他的残暴统治的注意。暗地里，他监视着凡尔赛宫生活的方方面面，从最新的性丑闻到仆人的八卦，他的间谍会截获贵族的信件，有任何煽动性怨言的作者都会被悄无声息地迅速驱逐。

在凡尔赛宫维护一个以"太阳王"为天体中心的人造宇宙，需要花费一大笔钱。尽管法国在路易十四的统治下变得富有，但最终他几乎使法国破产。在国内，他对工人施加严格的限制使他们在他掌控之

下图：1685年路易十四撤销《南特敕令》后，新一轮胡格诺派迫害开始了。超过20万名胡格诺教徒此时逃离法国，其中许多人逃往英国。

路易十四72年的统治结束时，几乎让法国破产。他对法国每个人的税收使情况雪上加霜，专制君主继续存在的日子已经屈指可数了。

中，阻碍工业创新，并对贸易征收不合理的高关税。他撤销了《南特敕令》，随之而来的迫害导致法国 20 万名技艺高超的胡格诺派工匠和企业主逃离。

为了增加财政收入，路易十四推行了"人头税"，对包括神职人员和贵族在内的每个人征税，这被认为是一种不可想象的侮辱。然而，这还不足以支付路易十四的花销：到 1715 年他去世时，法国负债 1.1 万亿里弗。那时，连年歉收和粮价上涨促使许多农民闯入粮仓抢粮果腹。为表示团结，路易十四熔化了一些金盘子，但他在宫廷中的奢侈行为并没有收敛。

这是路易十四死后留下的统治模式：一个由暴君统治的国家，国王与贵族一起过着奢侈的生活，而人民却在受苦。他未能提供公平分配国家财富的机构，也未能建立一个为没有财富或特权的人代言的民主议会，只留下了一代又一代贫穷、心怀不满的法国人。他们的发声机会出现在 1789 年，在那场席卷法国的最大规模、最血腥的起义中。然而，路易十四用这样一句不朽的台词来做最后的告别："我将离开，而国家永存。"（Je m'envais, mais l'État demeurera toujours.）

法国大革命

路易-奥古斯特（Louis-Auguste，后成为路易十六）和他 14 岁的新娘玛丽·安托瓦内特（Marie Antoinette）的婚礼被许多人认为是一个可怕的预兆。在庆祝活动期间，巴黎协和广场的烟花表演出现了严重错误，飞溅的流星烟火点燃了一盒烟花，一场大火席卷了整个广场，132 人在随后的混乱中丧生。二十年后，将有更多法国人在协和广场丧生，这一次广场上聚集了怒火中烧威胁要使用暴力的人群。

巴黎的贫富差距从未像 18 世纪时那么大。不在凡尔赛宫时，巴黎贵族纵情享乐、造访剧院、发明新的时尚风格来装腔作势。从 18 世纪 60 年代开始，携带阳伞和 pantins 开始流行，后者指可以在新桥上闲逛时玩耍的小木偶。戴假发、携带手帕和鼻烟盒，以及浮夸阴柔的姿态，都是为了与"无套裤汉"（sans-culottes，指代平民）的习惯和衣着形成鲜明对比。裙裤（不过膝马裤）是贵族的时髦；穿长裤是社会底层人民的最明显标志。

"穿长裤是社会底层人民的最明显标志。"

喜欢冒险的贵族会穿上平民的衣服去参观巴黎拥挤的无产阶级聚集的郊区。生活在那里的人被认为并不比在国外遥远殖民地发现的危险蛮族人好多少。许多巴黎无产阶级实际上是来自外省的移民，他们搬到巴黎是为了填补该市高死亡率留下的空缺。

那些没有死于外国战场或天花的巴黎人往往死于许多在不卫生和拥挤的房屋中肆虐的其他疾病。性病盛行：当时梅毒是一种令人十分痛苦且无法治愈的疾病，许多婴儿出生时就患有这种疾病，它是巴黎卖淫业的产物。保守估计1760年该市的妓女约为2万人，而涉及有偿随意性行为的真实人数肯定更高。

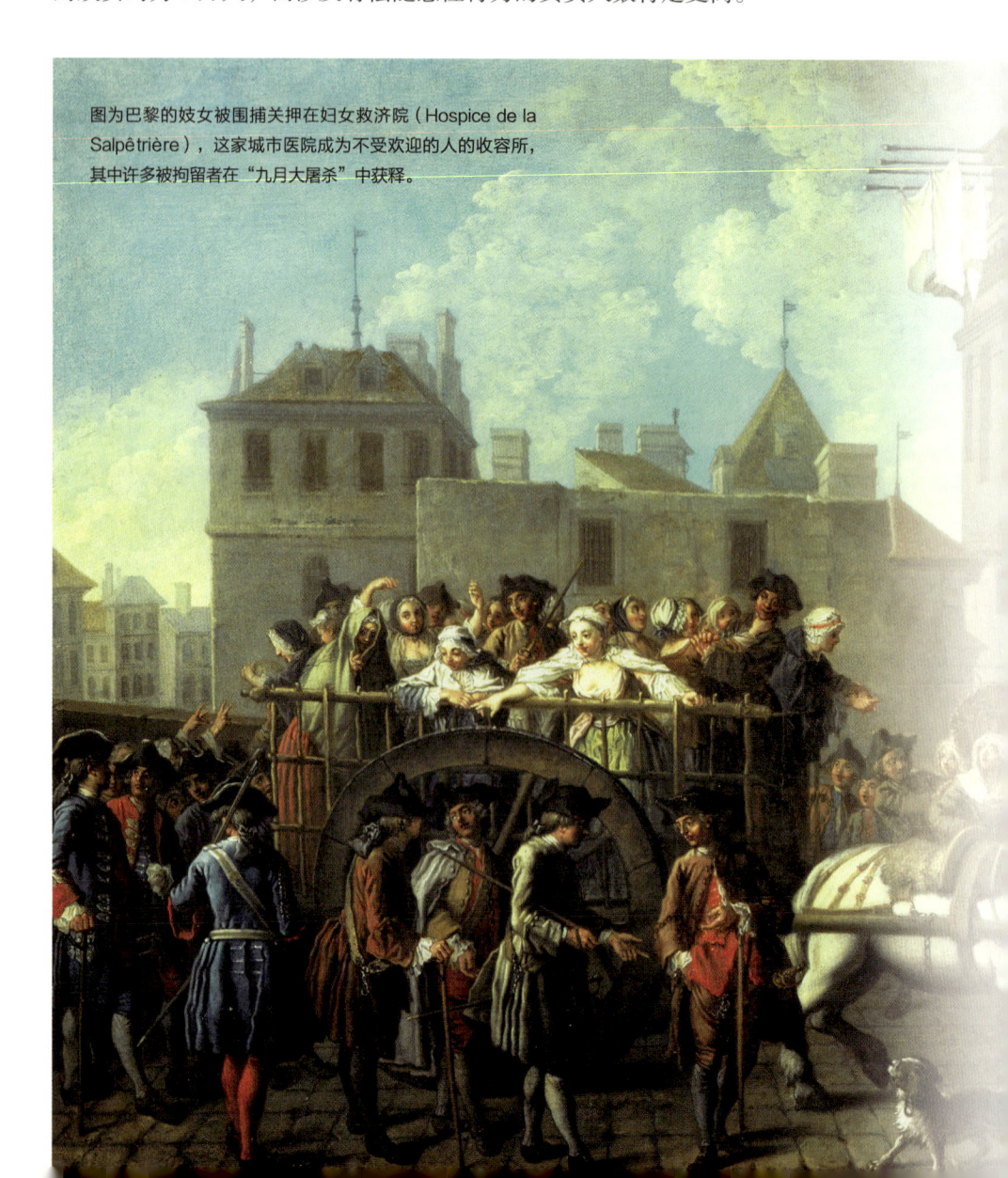

图为巴黎的妓女被围捕关押在妇女救济院（Hospice de la Salpêtrière），这家城市医院成为不受欢迎的人的收容所，其中许多被拘留者在"九月大屠杀"中获释。

上图：图为贵族们展示大约1760年的巴黎时装。裙裤是贵族喜爱的不过膝马裤。"无套裤汉"是平民，他们经常穿着长裤，作为无产阶级骄傲的象征。

巴黎受苦的无产阶级几乎没有什么食品供应。该市的主要医院是主宫医院（Hôtel-Dieu），这里六个人挤在一张床上，死亡率为四分之一。不过城市规划者的政策中已经开始出现关于环境卫生的新思想：将居民排泄物倾倒在街上变得不那么可接受；死者开始被埋在市中心外；开设了小型医院，旨在治愈病人，而不是简单地收治病人。

也有关于政治的新思想，这是启蒙运动理想的产物，在资产阶级中获得了越来越多的支持。资产阶级雄心勃勃，博览群书，受过孟德斯鸠、卢梭和伏尔泰以及其他被称为"哲学家"的启蒙思想家的教育。哲学家们认为有必要进行社会、经济和政治改革以彻底变革法国过时的封建制度并创建一个代表其人民意志的国家；人类有一定的自然权利，有权享有自由、幸福和知识。

启蒙思想在资产阶级"思想研究社团"中广泛传播，例如阅览室、咖啡馆、共济会小屋和科学学会。正是在这里，伟大的资产阶级口号自由、平等和博爱诞生。

然而，尽管资产阶级寻求政治权力，法国大革命却没有一个核心思想，也没有一个统一的政党领导这一革命。但是，第三等级普遍希望在政府中有更大的代表权和充分的土地所有权。如果没有经济和政治危机，第三等级是否会崛起无法确定。但在18世纪80年代后期，这场危机来了，当时法国因债务、粮食歉收和使国家破产的专制君主而陷入瘫痪。

枪声四起

1789年，不满和沮丧的不安气氛笼罩着法国。为响应更公平税收制度的呼吁，路易十六于6月召集了200多年未开的三级会议①。对这一措施感到绝望的第三等级的代表占领了凡尔赛网球场并拒绝散去，直到路易十六承认他们成立的新的国民制宪议会。《人权和公民权宣言》(即《人权宣言》)将成为这个新政府反对绝对专制君主和贵族统治的宣言。

1789年6月20日，第三等级宣布自己为新议会，似乎一切皆有可能。但是，到了7月，绝望和愤怒再次出现，路易十六通过加强他在巴黎和凡尔赛周围的军事力量来应对起义。日益严重的粮食短缺加剧了政治不满，饥饿的农民、失业的工人和其他心怀不满的群众涌上巴黎街头。国王不知道，这些群众正在组建一支人民军队，他罢免了财政大臣——受人民欢迎的雅克·内克尔（Jacques

下图：图中，占据凡尔赛网球场的第三等级代表宣誓在法国宪法制定之前不会散去。

---

① 法国中世纪的等级代表会议。参加者为教士、贵族和第三等级三个等级的代表。通常是国家遇到困难时，国王为寻求援助而召开三级会议，它的主要职能之一是批准国王征收新税。三个等级，不分代表多少，各有一票表决权，人数众多的第三等级处于劣势。

Necker）后，人民军队向凡尔赛进军。但抗议是和平的，只要求恢复雅克·内克尔的职位。路易十六无视这些呼吁，并因此点燃了火药桶，引起了革命。

"是叛乱吗？"
"不，陛下，"随从回答道，"是革命。"

7月14日，一群愤怒的民众冲进荣军院营房，并用他们在营房里找到的武器武装了自己，人群中竖立着长矛、步枪和剑，著名的游行队伍前往巴士底监狱——可恨的王室权威的象征。监狱长试图与人群讲道理，失败后，他命令手下开火，100多人被杀。民众以愤怒的举动回应，他们冲进监狱的围墙并释放了七名囚犯，他们将巴士底狱烧毁，抓住监狱长，砍下他的头，把它插在长矛上。

一场暴力浪潮席卷了巴黎：路易十四的修道院被洗劫；巴黎市政厅的建筑物

《人权宣言》

该宣言由自由派法国贵族拉法耶特侯爵在托马斯·杰斐逊（Thomas Jefferson，当时在巴黎）的帮助下撰写，声明人人生而自由，在法律面前一律平等，并拥有财产、生命和自由的自然权利。政府的职责是承认并保障公民的权利和财产，这里的公民指由选举产生的纳税公民，妇女、奴隶和外籍人不包括在内。但宣言背后暗含的态度将促进法国在1794年废除奴隶制，英国和美国将分别在1807年和1808年效仿这一宣言禁止奴隶贸易。《人权宣言》的一项关键原则——"人人生而自由，在尊严和权利上一律平等"得以延续，成为1948年《世界人权宣言》的第一条。

上图：关于《人权和公民权利宣言》的版画。

被毁；各种各样被仇恨的人物被斩首，他们的头颅被展示。路易十六认为他已经做了足够的工作来满足民众，他对来自巴黎的消息感到非常惊讶。国王经过一天的狩猎回到凡尔赛宫，问他的一位随从："是叛乱吗？""不，陛下，"随从回答道，"是革命。"

由于担心凡尔赛宫会遭到袭击，王室成员遭到屠杀，路易十六前往巴黎，表面上他已经接受了人民的意愿，并想重新协商他的王权。一些人认为，路易十六打算重塑他作为深受喜爱的"法国之父"——源于亨利四世的角色，然而，实际上路易十六只是在拖延时间。路易十六的许多贵族逃往普鲁士等邻国，试图为君主争取支持。路易十六穿着暗淡的黑色服装，乘坐朴素的马车前往巴黎，在那里他获得了一个代表革命理念的红色、白色和蓝色组成的三色帽徽，并向人群发表讲话。他的语气温和而温顺，得到了欢呼声和炮火声。当他回到凡尔赛宫时，他的统治和旧制度几乎都结束了。

上图：雅克·内克尔是一位受欢迎的政治家，他建议的社会改革包括仿照英国的模式建立君主立宪制。他的提议被国王拒绝了。

妇女大游行

如果巴黎人以为最近的革命事件和路易十六表面上的投降会提高他们的生活质量，那就错了。到1789年10月，通货膨胀居高不下，生活成本高得令人望而却步。一条面包的价格抵得上一个工人一天的全部收入，市场上爆发了暴力行为。

使情况变得更糟的是，有报道称凡尔赛宫的士兵在一次醉酒的宴会上践踏了革命三色旗。当路易十六发表声明仅同意法国新宪法的部分法令，同时对《人权宣言》表示怀疑时，凡尔赛宫与巴黎人民之间的任何好感都烟消云散。

路易十六进入巴黎

美国开国元勋托马斯·杰斐逊法国大革命期间在巴黎担任外交官，他在一封信中描述了路易十六的巴黎之行：

"国王来到巴黎，留下王后提心吊胆地等待他的归来……国王的马车在中央，两侧各有两列国民议会代表步行前进，带队的是总司令拉法耶特侯爵，他骑在马背上，前后都有资产阶级警卫。大约6万名形形色色的公民随身携带巴士底狱和荣军院的步枪，其余的则手持手枪、剑、长矛、修枝钩、镰刀，排列在国王卫队经过的所有街道上，大街小巷以及门窗内的人都在向他们行礼，高呼'国家万岁'。但没有听到任何人喊'国王万岁'。

"国王在市政厅下马车。在那里，巴伊先生将流行的帽徽戴在帽子上，向他致意。国王措手不及，无法回答，巴伊走到他身边，从他那里收集了一些句子的碎片，然后凑成了一个答案，他向听众传达了答案，就像传达的是国王本人的意思一样。在国王与其卫队回归时，人们的口号是'国王和国家万岁'。国王被一位资产阶级警卫队队员带到了他在凡尔赛宫的宫殿……现在首都恢复了宁静；商店重新开张；人民恢复劳动。"（托马斯·杰斐逊，《给约翰·杰伊的信》）

上图：路易十六受到革命领袖让·西尔万·巴伊（Jean Sylvain Bailly）的接见。巴伊后来在恐怖统治期间被送上断头台。

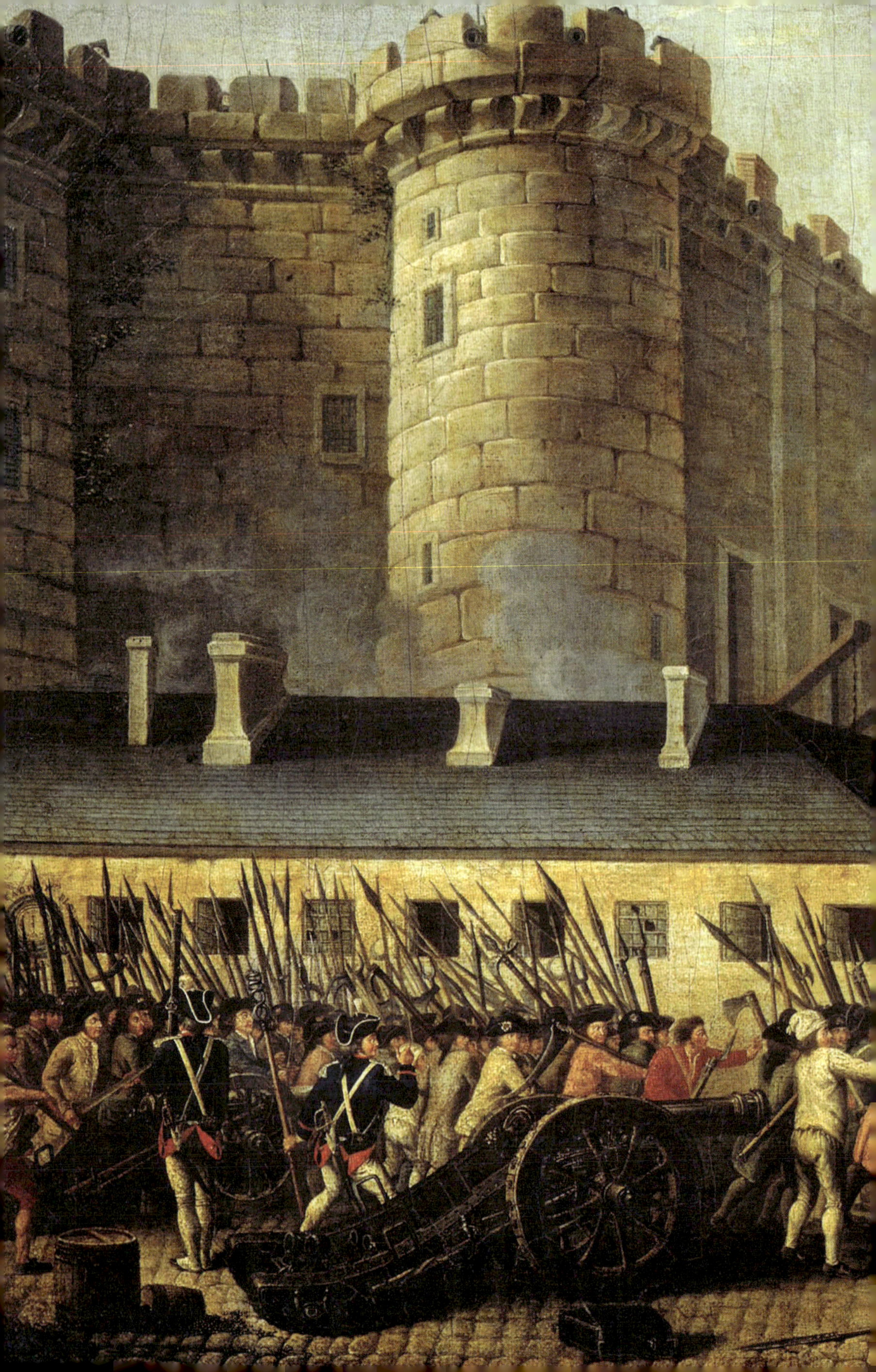

图中，巴士底狱监狱长伯纳尔－勒内·德·洛奈（Bernard-René de Launay）试图与革命群众讲道理。他随后被捕，被斩首，头被插在长矛上。

导火索出现在 1789 年 10 月 5 日上午，集市上一群妇女对食品价格感到愤怒，她们拿着菜刀和其他顺手拿的武器冲进了市政厅，没收了其储存的食品、武器和其他补给品，然后几千人的人群向凡尔赛进发。广受欢迎的战争英雄拉法耶特侯爵率领的城市国民自卫军别无选择，只能护送这些妇女，试图让她们平静下来，并期望最好的结果。

当这些女性冒着连绵的雨从巴黎走了 20 千米（12 英里）到凡尔赛时，她们已经累得筋疲力尽了。然而，游行者似乎只是在抗议缺乏食物。一些妇女获准觐见国王，国王向她们表示同情，并给人群提供了食物。这对一些游行者来说已经足够了，她们成群结队地返回巴黎，然而，更大一部分人仍然不平静，继续占领宫殿。

对民众的敌意感到惊恐，路易十六立即主动同意新宪法的每一项法令，并批准《人权宣言》。国王相信这个举措会驱散人群，于是上床睡觉，拉法耶特侯爵也稍作休息。另一方面，拉法耶特侯爵的士兵则留下来与外面的抗议者交涉。到了第二天早上，这些士兵中有许多人加入了叛乱。

下图：当这些大游行的女性冒着连绵的雨从巴黎走了 20 千米（12 英里）到凡尔赛时，她们已经累得筋疲力尽了。但国王不走她们是不会离开的。

早上 6 点左右，抗议者发现了一扇无人看守的门，他们冲进宫殿。国王的瑞士近卫队试图封锁内门，甚至枪杀了一名抗议者，但很快就被抗议者制服了。那些反抗抗议者的人遭受了新的革命性的斩首惩罚，他们的头被插在长矛上。王后玛丽·安托瓦内特和她的侍女试图进入国王的卧室，一开始并未成功，直到抗议者的出现。拉法耶特侯爵本人从几个小时的睡眠中醒来，成功阻止抗议者进入路易十六的卧室后清空了宫殿。

为了安抚人群，拉法耶特侯爵说服国王和玛丽·安托瓦内特从安全的阳台上向抗议者致意，拉法耶特侯爵甚至给国王的一名仆人戴上了三色帽徽，以帮助解决问题，正是阳台上的非凡一幕拯救了王室。国王呼吁人群冷静，拉法耶特侯爵温情地跪在王后面前亲吻她的手。这似乎缓和了示威者的怒火：她们同意撤离宫殿，条件是王室与她们一起前往巴黎。

于是，行进的人群充当了国王马车的护卫，这是一次喧闹的旅程，人们用步枪庆祝，被杀的人的头高高挂在长矛上。现在没有谁掌权的问题了：国王和王后是为人民服务的。他们到达杜伊勒里宫（已成为王室的监狱）时，发现宫殿年久失修，路易十六说它"远不能提供朕在其他王室住宅中所习惯的舒适环境"。他让他的一大群随从想睡在哪里就睡在哪里，然后要求将一本关于被废黜的英国国王查理一世的书带到他的卧室。

峰回路转

路易十六的最后一线希望在 1791 年 6 月 20 日。路易十六、他的家人和随从从杜伊勒里宫地下的秘密通道偷偷逃离了巴黎，他们的计划是越过边界，与驻扎在法国边境城镇蒙梅迪（Montmédy）的 1 万名保皇党军队一起进行反革命。为了离家人更近，路易十六放弃了两辆小而快的马车，换成了一辆大而慢的马车，载着王室成员和他们庞大的行李，嘎吱作响。这个选择，以及王室多次停下休息时与路人聊天，组成了一个致命的错误，这辆马车在距离蒙梅迪 50 千米（31 英里）的小镇瓦雷讷（Varennes）被认了出来并被截停，路易十六被革命武装警卫带回巴黎。

也许令人惊讶的是，路易十六的马车在巴黎的街道上驶向杜伊勒里宫时，并没有受到喧闹、愤怒的民众的问候，而是一片诡异的寂静。人群中弥漫着的感觉是震惊：他们的国王背叛了他们。国民制宪议会如今是法国的统治力量，它认为路易十六如果签署宪法，就可以继续担任国王。但路易十六在杜伊勒里宫留下了一封尖酸刻薄的信，被革命者找到，这封信表明了他的真实意图。路易十六概述了他和他的家人所遭受的侮辱，承认他对宪法的誓言不真实，并呼吁回归君主制。这封信暴露了国王的虚伪，终结了王室与人民和解的任何机会。

路易十六面临的问题是，他的逃跑在议会内引起了派系斗争。这些派系很快就成为政治"俱乐部"，包括雅各宾俱乐部和哥德利埃俱乐部。一些人呼吁建立一个没有国王的完全民主共和国，其他人则希望实行君主立宪制。俱乐部内部也存在分歧，例如，雅各宾俱乐部分裂为温和的"吉伦特派"和激进的"山岳派"。

议会相互矛盾的观点不是巴黎人民想要的，巴黎人民担心议会变得软弱无效。1791年7月17日，议会颁布法令同意路易十六在君主立宪制下继续担任国王的两天后，5万名巴黎人走上街头抗议。

许多抗议者被哥德利埃俱乐部怂恿，这个俱乐部为要求路易十六退位的请愿

下图：路易十六逃离巴黎后在瓦雷讷被捕。与路人闲聊、多次停下休息、乘坐大而缓慢的马车，王室实际上破坏了他们自己的逃亡之行。

书征集签名。请愿书在巴黎战神广场展示，但当抗议者到达时，抗议者在那里与国民自卫军发生了冲突，人们不知道的是，巴黎市长让·西尔万·巴伊已命令警卫驱散人群。人们投掷石块后，自卫军总司令拉法耶特侯爵命令向人群开枪。枪口上了刺刀，随后发生了警察暴力事件。

上图：革命领袖、巴黎市长让·西尔万·巴伊登上断头台。据说有人问他："你在发抖吗，巴伊？"他回答说："是的，但这只是因为冷。"

在所谓的战神广场大屠杀中，有 12 ～ 100 人丧生。目击者说，数字这么小主要是因为由公民志愿者组成的警卫通常枪法不好，也不愿意伤害他人。然而，国民自卫军和人民之间的矛盾已经造成，拉法耶特侯爵的名声一落千丈，巴伊被国民立法议会送上断头台，这个新政府取代了国民制宪议会。巴伊是革命最初的英雄之一，也是被指控反革命行为而被斩首的第一人。

作为法国第一个宪政政府，国民立法议会的工作是弘扬革命理想，国王在这个政府中的角色仍不清楚。路易十六本人仍被软禁在杜伊勒里宫。

路易十六暗中希望外国势力介入以拯救他和君主制。这看起来很有可能：1792 年，法国面临着与奥地利和普鲁士的战争。玛丽·安托瓦内特是发动战争的关键人物，她说服她的兄弟神圣罗马帝国皇帝利奥波德二世（Leopold Ⅱ）入侵法国并恢复君主制。这有两个重要的结果，第一个是民族主义浪潮，导致大量法国人加入革命军队；第二个是法国人民先发制人的攻击，由新的巴黎公社（此后简称公

上图：路易十六被软禁在杜伊勒里宫。直到最后，他都希望外国势力介入以拯救他和法国君主制。但他的命运已经注定。

社）、市政府和著名的革命家、记者让－保罗·马拉（Jean-Paul Marat）发起。马拉认为，应该在外国势力释放被监禁的贵族成员之前对其进行处理，公社随后动员了一群人冲进杜伊勒里宫，屠杀了保护国王的瑞士近卫队。

接下来，公社将王室囚禁在圣殿堡垒中，并制定了"革命敌人"名单，封锁了城市的大门。贵族的房屋遭到突袭，数百人被投入监狱。最后，公社下令进行九月大屠杀，屠杀2000名被视为国家敌人的囚犯，其中包括200名天主教神父。

暴力事件并不仅限于巴黎，对贵族和神父的大屠杀蔓延到法国各地，混乱一直持续到新的议会——国民公会产生才恢复秩序。恰好这时普鲁士军队在瓦尔米被打败，在好消息的鼓舞下，国民公会的第一个举措就是废除君主制并宣布法兰西为共和国。

对外战争和温和的吉伦特派与激进的山岳派之间的内讧最终导致国民公会在1793年让位于臭名昭著的救国委员会，该委员会是由声名狼藉的革命者马克西米连·罗伯斯庇尔（Maximilien Robespierre）领导的山岳派团体，被赋予独裁权力，以处理反革命罪行，起诉持不同政见者并把"恐怖"带给法兰西。该委员会连同其司法机构革命法庭在1793年9月至1794年7月将数万人送上断头台。

王权终结

恐怖开始于路易十六和玛丽·安托瓦内特被处决。路易十六被指控犯有叛国罪，于 1793 年 1 月 21 日被处决，在最后的晨祷之后，他乘坐一辆有窗户的马车穿过巴黎寒冷多雾的街道来到革命广场——现在被称为协和广场。在那里，国民自卫军在断头台周围站了四排，因为有报道称有人计划营救国王。几个街区外确实发生了混战，但很快就被国民自卫军平息了。上午 10 点，路易十六登上了绞刑架，双手被绑起来。他的刽子手亨利·桑松（Henry Sanson）在他的回忆录中讲述了以下时刻。

九月大屠杀

巴黎的大屠杀震惊欧洲：现状的支持者和自由主义改革者都对杀戮感到震惊。报纸将大屠杀比作洗劫罗马，并报道了自相残杀、心脏从活体中被取出以及革命者将面包浸入受害者的血液中。其他更合理的目击者叙述只是稍微不那么骇人听闻，其中血流成河的细节浮出水面。伦敦《泰晤士报》是这样报道玛丽·安托瓦内特最喜欢的朗巴勒亲王妃（Princess de Lamballe）的遇害的：

"当暴徒前往主要关押王室侍从的拉福斯监狱时，朗巴勒亲王妃跪下请求再给她 24 小时时间。起初这群暴徒同意了，直到第二批更凶猛的暴徒闯入她的寓所，并将她斩首。她死时的情况使人不寒而栗，而且出于对她的尊重不允许我们重复——在她去世之前，暴徒对她进行了各种侮辱。她的大腿被砍断，肠子和心脏被掏出来，残缺的身体在街上被拖了两天。"（《泰晤士报》，1792 年 9 月 10 日）

上图：朗巴勒亲王妃被人群抓住，然后在疯狂的野蛮行为中被残忍地处决。

"国王伸出双手,而神父则将十字架放在他的唇边。两名助手将这双曾挥舞权杖的手绑起来,然后,他在尊贵的神父的支持下登上了断头台的台阶。'这些鼓声会永远响下去吗?'他说。上了断头台后,他走到人群最密集的一侧,做了一个命令式的手势,鼓手们都停了片刻,'法国人!'他声音洪亮地喊道,'你们看!你们的国王已经准备好为你们而死。愿我的流血牺牲巩固你的幸福!我是无辜的!'他正要继续说下去,但军事指挥官桑特尔命令鼓手击鼓,就再也听不到任何声音了。不一会儿他就被绑在了承重板上,几秒钟后,在我的控制下,刀片滑落,他仍然能听到神父念出这样的话:'圣路易斯之子,升到天堂!'……当我的助手格罗向众人展示国王的头颅时,有人发出了胜利的欢呼声,大部分人都惊恐地转身离去。"(《桑松家族回忆录》,查托和温杜斯出版公司出版,1876年)

有报道称,路易十六的头落入断头台下方的篮子时,眨了眨眼,甚至哭了起来。可以确定的是处决产生了大量鲜血,据报道,当刽子手的助手收拾他的尸体时,血液从路易十六的脖子上喷出,一些围观群众跑上前去用手帕蘸血;还有的人甚至尝了尝。按照传统,国王的头发和衣服由刽子手售卖,这些都被抢购一空。然后路易十六的尸体被带到一个覆盖着生石灰的露天坑,他的头被放在他的脚下。100多年前路易十四在凡尔赛制定的专制君主制蓝图已经不复存在。法兰西共和国,一个由人民管理的主权国家,成立了。

玛丽·安托瓦内特在法庭上的听证会在路易十六被处决九个月后举行,这是革命法庭举行的典型审判秀。在法院拥挤的人群前,玛丽·安托瓦内特被检方描述为"法国人的

下图:路易十六站在命运的断头台前。随着他的被斩首,100多年前由太阳王路易十四开始的专制君主制结束了。

祸害和吸血鬼"，她性变态，曾与国王的兄弟发生过性关系，甚至与自己的儿子乱伦。

一群所谓的目击者随后站出来谴责玛丽·安托瓦内特：她说服路易十六任命了"不正当"的部长；她在裙子里放了一把手枪，用来刺杀与她政见不同的贵族；她

上图：玛丽·安托瓦内特的审判秀中含有耸人听闻的细节，包括她的淫乱、暗杀持不同政见者的嗜好以及与儿子乱伦。王后对最后一项指控感到生气。

在凡尔赛宫安排了狂欢聚会；她教儿子手淫时伤了他的睾丸。耸人听闻的证词在人群中引起一片哗然，以至于针对玛丽·安托瓦内特的实际证据——包括泄露法国军事机密的信件——几乎在骚动中被遗忘了。

这场审判为革命法庭随后审理的每个案件制定了框架，从那时起，所谓的叛国阴谋者将根据最站不住脚的借口被判处死刑。玛丽·安托瓦内特本人被判通敌罪和泄露国家信息罪，并被判处斩首。她的头发剪得很短，穿着一件白色连衣裙，被一辆敞篷马车运送到断头台，双手被绳子反绑在背后。她从巴黎裁判所附属监狱到革命广场的长达一小时的旅程中，围观人群不停嘲笑、辱骂她。据称她的遗言是"对不起，先生，我不是故意的"，当时她踩到了刽子手亨利·桑松的脚。断头台的刀片在中午 12 点 15 分落下。

恐怖统治

君主制消失后，救国委员会（以下简称委员会）在巴黎和法国各地对其敌人进行了大规模清洗。但谁是法兰西共和国的敌人？最明显的敌人是与法国交战的外国列强，这些国家对这个脆弱的新主权国家构成了非常现实的威胁。然而，法国

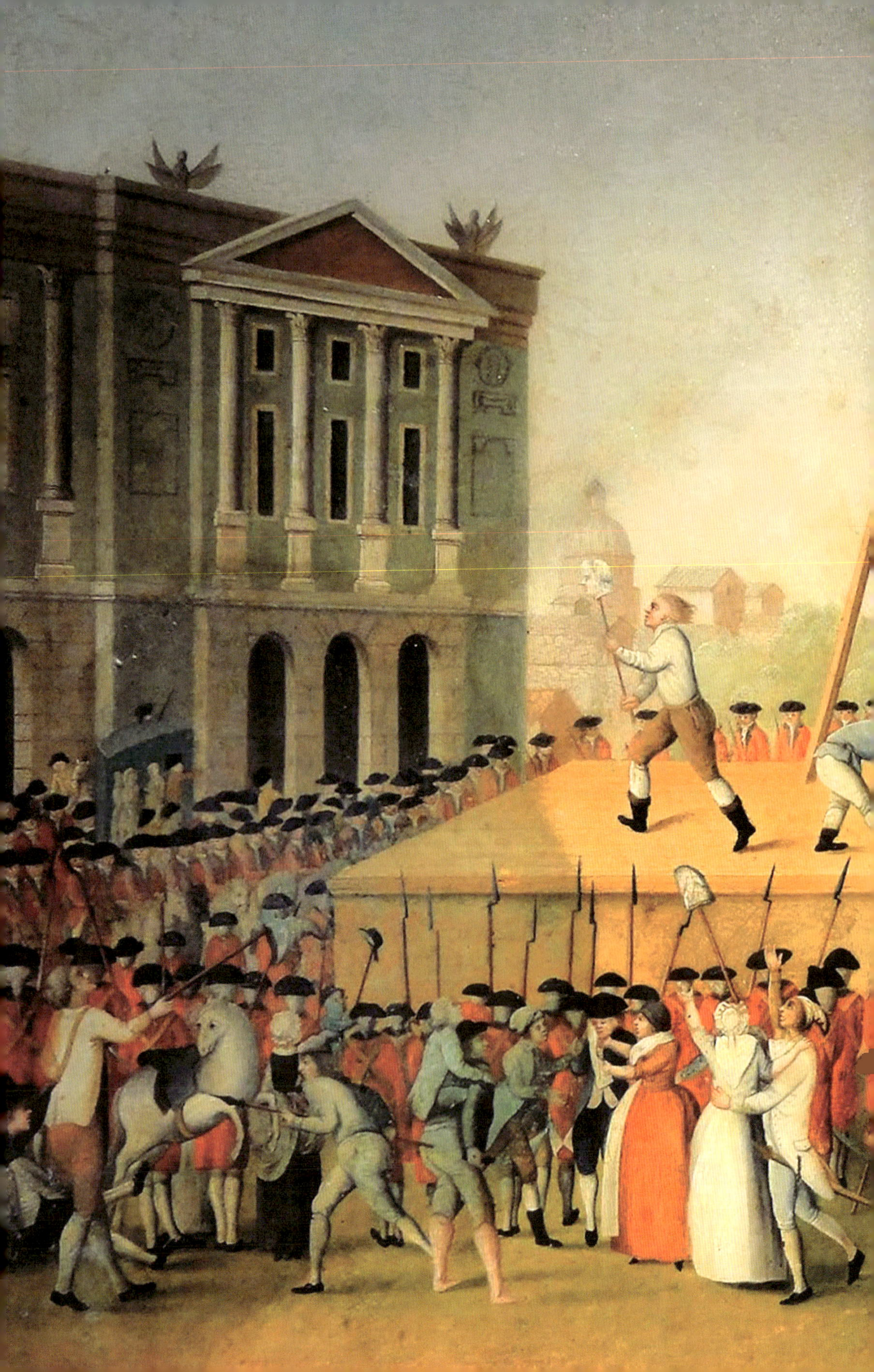

玛丽·安托瓦内特的头颅在人群面前展示。在被处决之前，王后被剪掉了头发，她穿着一件朴素的白色连衣裙，双手被绑在背后。她的尸体被扔进了一个没有标记的坟墓中。

上图：马克西米连·罗伯斯庇尔领导的救国委员会会议。在委员会的恐怖统治期间，每周都有数百人被送上断头台。

也在内战：旺代地区爆发了反对委员会的叛乱，其他地区也出现了较小的叛乱；天主教会因其与旧制度的联合而被委员会视为敌人，委员会呼吁去基督教化。在巴黎，宗教游行被禁止，教堂的钟被熔化制成大炮，主教座堂、教堂和神学院成为公共建筑和仓库，巴黎圣母院成为"理性圣殿"，法国国王的雕像被斩首。然后是只有救国委员会知道的其他更不明显的敌人。该委员会故意将"恐怖"作为一种政治策略。"让我们变得可怕，以阻止人们变得可怕"，乔治·丹东（Georges Danton）提醒救国委员会成员警惕九月大屠杀的无政府状态。

对前律师和穷人的拥护者马克西米连·罗伯斯庇尔来说，"恐怖"是创造一个至高无上的美德国家的必要邪恶。罗伯斯庇尔引用了启蒙哲学家让-雅克·卢梭（Jean-Jacques Rousseau）的《社会契约论》支持这一观点，在这部罗伯斯庇尔几乎随身携带的著作中，卢梭认为人民越自由，品德就越高。既然革命者已经实现了自由，罗伯斯庇尔认为，无论付出多少人力，美德都必须跟上。

"如果说和平时期民主政府的基础是美德，那么革命时期民主政府的基础既是美德又是恐怖，没有美德，恐怖是有害的，没有恐怖，美德就软弱无力。恐怖无非是迅速、严厉和不可损坏的正义，因此，它是美德的延伸；它本身与其说是一项原则，不如说是民主一般原则的结果。"（马克西米连·罗伯斯庇尔，《政治道德

原则报告》，B. 巴谢译）

委员会发布了一项概述其战略的法令："它（委员会）坚定不移对敌人残酷，对盟友慷慨，对人民公正。"但随之而来的是极权主义警察国家的建立，监狱里人满为患，数千人在没有经过合法审判或证据检查的情况下被判叛国罪，每周都有数百人被敞篷马车从监狱带到断头台，被杀的人太多了，导致人们担心断头台下血迹斑斑的土地会污染供水。

随着恐怖活动的增加，委员会通过了《惩治嫌疑犯条例》，该法令几乎禁止了所有个人自由和权利。这项法令不仅允许逮捕革命的"敌人"，还允许逮捕"可能的敌人"，而且举证责任落在了嫌疑人身上，需要他们自证清白。巴黎人被要求携带"公民道德证书"以证明他们对革命的忠诚；委员会还开始对公众进行广泛的秘密监视，一队"卧底警察"可以以最站不住脚的借口逮捕任何人。猜疑和恐惧笼罩了首都：没有人知道他们是否正在被监视，或者是否即将被指控犯有某些不法行为。

然而，《惩治嫌疑犯条例》只是一个前奏，紧随其后的是臭名昭著的《牧月二十二日法令》，也被称为《大恐怖法》。这项法令简化了起诉政治罪犯的所有程序，因为委员会认为政治罪犯比普通罪犯对国家的伤害更大。简单地说，《牧月二十二日法令》允许以任何理由逮捕嫌疑犯，并剥夺其任何合法的辩护权利，正如委员会成员乔治·库通（Georges Couthon）所说："如果一个公民被怀疑，那么谣言就足以指控他为嫌疑犯了。"

因此，根据《牧月二十二日法令》举行的审判包括被告为自己辩护（因为不允许有辩护律师）和陪审团做出无罪开

下图：救国委员会发出的对乔治·丹东的逮捕令，丹东是革命早期的领导人，也曾是该委员会的成员。

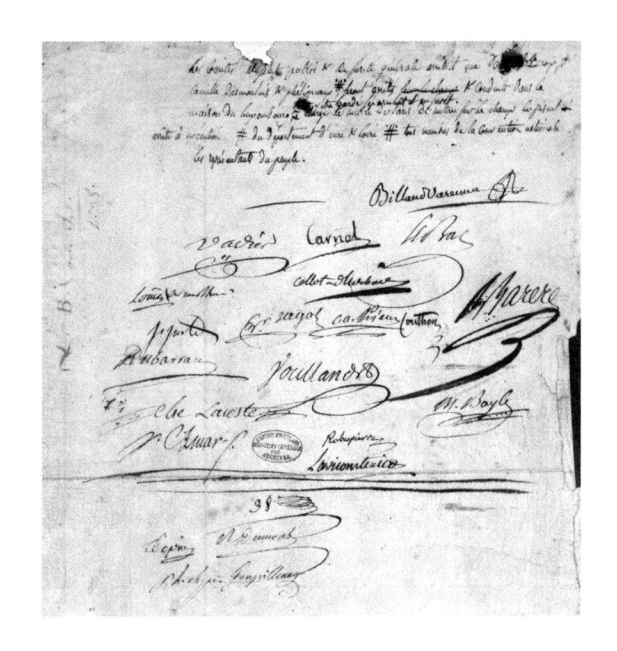

在《马拉之死》中，雅克-路易·大卫（Jacques-Louis David）选择以理想化的方式描绘马拉。他没有画出他朋友糟糕的皮肤状况，也没有画出刺穿他胸口的刀。

释或死亡的判决。最可怕的方面是它引入了思想犯罪的概念：国家检察官被教导破译人们的面部表情并探寻他们的思想以寻找异议的迹象。陪审团被告知要凭直觉将被告定罪。委员会美其名曰有道德的被告不会在他们的脸上流露出恐惧，因此这些条例与法令没有问题。

经过几乎不能被称为审判的审判后，数百人被立即处决。被告越来越多，名单填满了警察的档案柜，警察局已经变成了日益壮大的间谍官僚机构。曾经反对死刑的罗伯斯庇尔现在有了自己的警察局，他和他的手下从无休止的谴责中寻找国家的敌人。

罗伯斯庇尔自己也变得越来越偏执，害怕没有人可以信任。随着委员会工作的进行，越来越多的革命盟友被判处死刑。最令人震惊的是，被处决的人包括罗伯斯庇尔的校友、革命中坚分子卡米尔·德穆兰（Camille Desmoulins）和救国委员会的创始成员乔治·丹东。

德穆兰的罪行是在他的报纸《老哥德利埃报》中呼吁结束恐怖活动，丹东则被指控财务行为不端。当然，对德穆兰与丹东等人的审判是一场闹剧。根据《牧月二十二日法令》，德穆兰与丹东等人都无法为自己辩护，而对他们不利的证据完全是编造出来的，检察官在几乎不加掩饰的暴力威胁下向陪审团明确了希望他们做出的判决。

> "罗伯斯庇尔会步我后尘；他已经被我拖下水了。"

当丹东、德穆兰和他们的 14 名同僚被送上断头台时，丹东说出了最后一句预言："我把这一切都留在了可怕的大人物中，他们中没有一个人知道如何统治国家。罗伯斯庇尔会步我后尘。他已经被我拖下水了。"

据说，罗伯斯庇尔在丹东和德穆兰被处决的那天把百叶窗关上了。或许罗伯斯庇尔那时感到良心不安，但这并没有阻止他将更多的人送上断头台。罗伯斯庇尔的死亡崇拜以一种宗教的形式出现，正如他在 1794 年 6 月的一项法令中明确指出的那样：

"永远幸福的日子已经到来，法国人民将这一天奉献给了最高主宰。他创造的世界从来没有为他提供过如此值得注意的奇观。他曾经目睹暴政、犯罪和欺诈在地球上肆虐，此刻他看到了整个国家在与人类的所有压迫做斗争。"

最高主宰是罗伯斯庇尔的一项发明，它象征着指导革命的神圣之手。庆祝活动围绕着战神广场上的一座人造山举行，在这座山峰之巅，罗伯斯庇尔以最高主宰的形象出现在众人面前。这是一个致命的政治失误，意味着罗伯斯庇尔想成为

马拉之死

最早也最著名的一次对国民公会成员的处决不是来自救国委员会的命令，而是来自吉伦特派的手笔。让-保罗·马拉是一位著名的山岳派革命家，他经常在他的报纸《人民之友报》上攻击对手吉伦特派，这导致马拉被逮捕和被革命法庭审判，在革命法庭他被指控煽动暴力和扰乱议会。马拉对这些指控提出异议并胜诉了，这标志着山岳派的崛起和吉伦特派的衰落。

审判结束后，马拉因皮肤病定期进行药浴，深居简出。正是在他的浴缸里，马拉会见了吉伦特派成员夏洛特·科黛，后者给他带来了一份所谓的叛徒名单。当马拉承诺这些成员将被处决时，科黛将匕首刺进他的胸膛，刺穿了他的心脏。马拉几分钟内就死了，科黛因谋杀罪被送上断头台。

新皇帝，如今他的敌人暗中谋划如何取他首级。

罗伯斯庇尔无故缺席委员会三周，使他的处境变得更糟。他曾承诺提供一份新名单，揭露更多国家敌人，但后来他未能提供名单。许多人怀疑自己的名字将出现在罗伯斯庇尔的名单上，他们对罗伯斯庇尔的阴谋只是企图挽救自己的生命。

当罗伯斯庇尔再次站起来向国民公会发表讲话时，他被"打倒暴君！逮捕他！"的喊声赶下台，他目瞪口呆，无言以对。有人大喊"丹东的血让他说不出话来了"。罗伯斯庇尔被列为叛徒并被捕，但被忠诚的卫兵释放，他作为逃犯之一，躲在市政厅。与罗伯

下图：罗伯斯庇尔创立了至上崇拜，想让它成为新的国教，但对他的革命同僚来说，这一步走过头了。他将在几周后被处决。

斯庇尔一起的还有他的兄弟奥古斯丁（Augustin）以及委员会成员勒巴（Le Bas）、乔治·库通和圣茹斯特（Saint-Just），有人建议罗伯斯庇尔的支持者们可以以人民的名义发动新的政变，但在凌晨2点，命运敲响了他们的门。

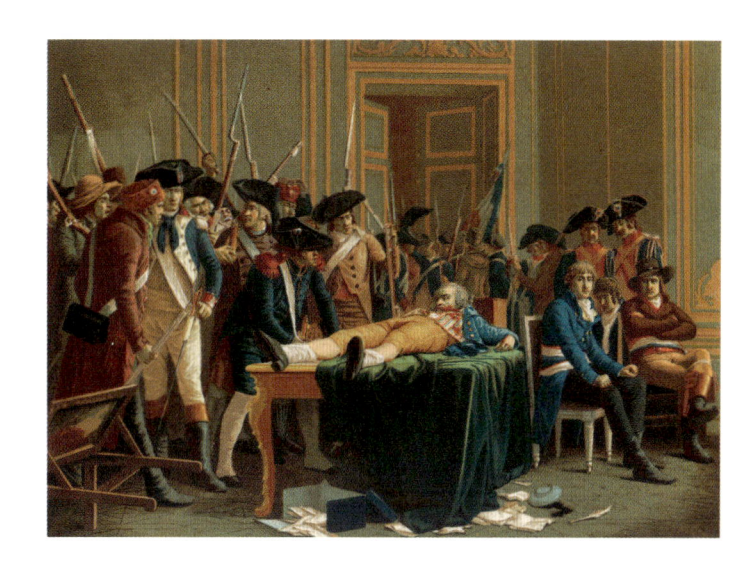

上图：没有人确切地知道是谁朝罗伯斯庇尔的脸上开了枪，但这位伟大的演说家和革命恐怖制造者在被处决时半死不活，无法说话。

当逮捕警卫闯入时，罗伯斯庇尔的支持者惊慌失措。奥古斯丁试图从窗户跳下逃跑，摔断了双腿；勒巴开枪自杀；跛脚的库通被发现在楼梯间的底部；圣茹斯特干脆投降了。罗伯斯庇尔本人脸部中弹，下巴被打碎，尚不清楚子弹来自他自己的手枪还是士兵的步枪。于是，罗伯斯庇尔这位登上顶峰的伟大修辞家在最后的几个小时里一句话也说不出来。第二天，半死不活的罗伯斯庇尔在断头台上结束了生命。据说当刀刃落下时，他发出了一声令人毛骨悚然的尖叫。

恐怖统治以罗伯斯庇尔的死而告终，但处决并没有结束。相反，在新的白色恐怖下，对那些与罗伯斯庇尔有关的人和其他所谓的革命叛徒的屠杀仍在继续。然而，在恐怖统治期间被杀的人数仍然是无法超越的。保守估计，全国被送上断头台的人数超过16500人，其中仅在巴黎就有2600人；另有2.5万人在法国各地草率处决中丧生。有人说，恐怖统治总共夺走了多达5.5万人的生命。在恐怖统治之后，极端主义被温和主义所取代，因为新政府——督政府——接管了国民公会。到1800年，革命结束了。

然后，就在君主制被推翻二十多年后，巴黎迎来了一位新统治者：拿破仑·波拿巴将军。然而，随着这位新国王的加冕，法国变成了另一个国家。革命使法国摆脱了中世纪的黑暗，推翻了其专制君主的腐败统治，进入了一个新的时代。新法兰西帝国的中心城市巴黎开始向光明之城转型。

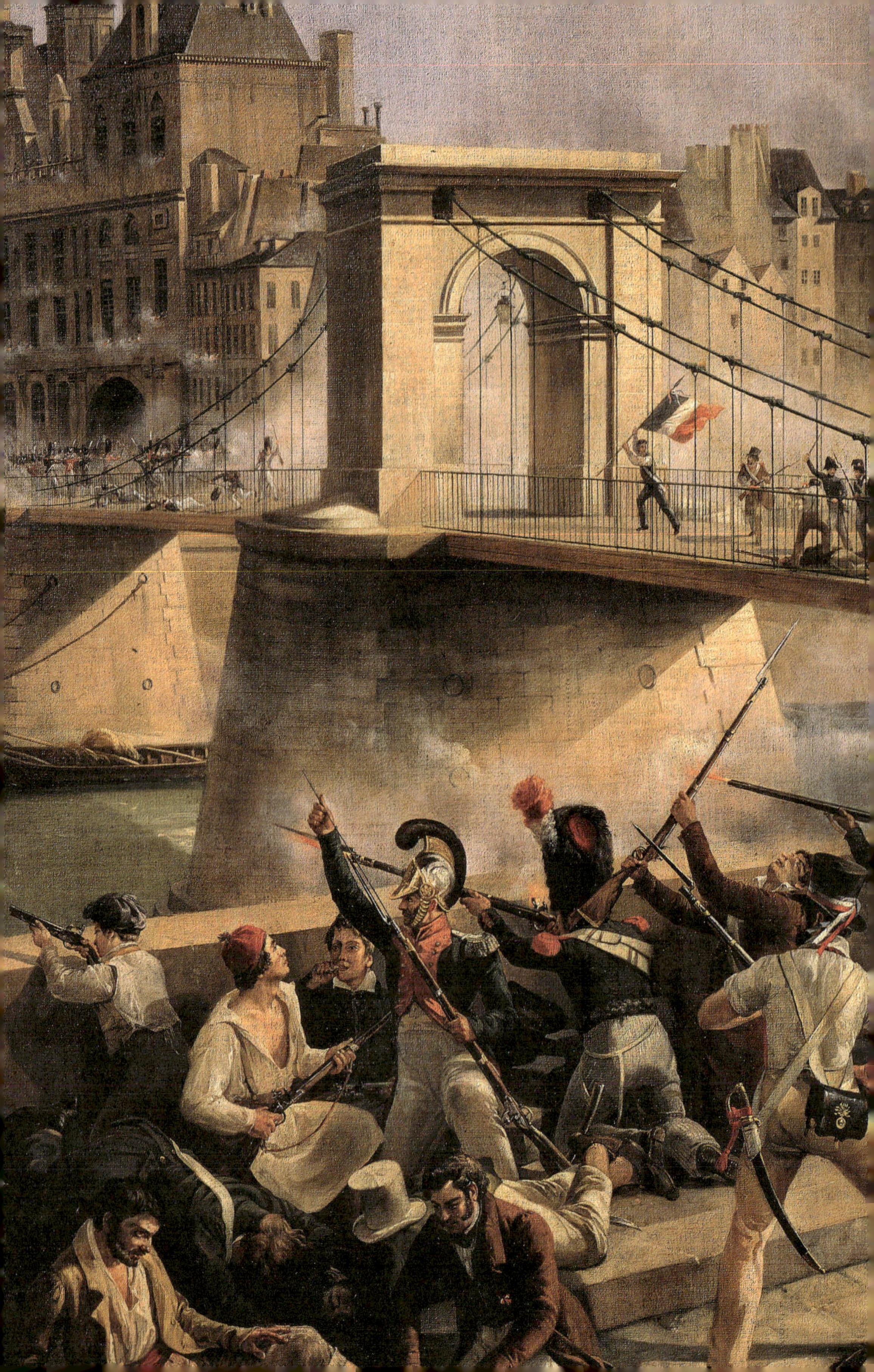

5

帝国与起义

巴黎从革命恐怖和保皇派压迫中苏醒，但这些"幽灵"会不断回归。1800年至1871年，王室复辟、压迫和贫困引发了接连不断的叛乱。这一时期的结束几乎和开始一样，因为一位名叫拿破仑的皇帝，因为一场外国入侵和一场血腥的革命。

对页图：1830年七月革命期间，革命者在阿尔科莱桥上鱼贯而行，走向巴黎市政厅。1796年，拿破仑曾率领类似的部队穿过这座桥。

拿破仑·波拿巴被认为是法国大革命的支持者，但在1804年，他似乎摒弃了它所代表的一切，将自己加冕为皇帝：他认为，这是一种必要的邪恶，因为独裁是击败外敌并为分裂的共和国带来秩序和统一的唯一途径。

拿破仑在战场上的胜利如同传奇：他在奥斯特里茨和马伦哥击败奥地利和俄国给他带来了名声和荣耀，似乎证明了他应该成为帝王。但拿破仑的国内政策却令革命老兵感到厌恶，尤其是他邀请流亡贵族返回法国，并将天主教恢复为国教。

在巴黎，拿破仑推进了伟大的建筑工程，包括新桥梁、拓宽香榭丽舍大街和凯旋门计划，通过这些，拿破仑向巴黎人兜售了他对一个不朽的巨大帝国首都的愿景，他决心把这个地方打造为"有史以来最美丽的城市"。对于巴黎人民来说，这是一种解脱，自革命以来，他们的生活被政治暗杀、贫困、食物短缺和偶尔的街头骚乱所主宰。革命的记忆像裹尸布一样笼罩着这座城市，巴黎人不希望再有暴力，据说，协和广场里残留的血腥味非常强烈，以至于马匹都拒绝从那里经过。至少拿破仑给心怀感激的巴黎人民带来了稳定、食物和和平。

但在1812年，一切都变了。在傲慢的驱使下，拿破仑率领60万大军入侵俄国。这是一场灾难：拿破仑自己的焦土政策意味着他的士兵在冬季的俄罗斯艰难撤退时没有吃的，超过50万人丧生。拿破仑在俄国的失败因在莱比锡的决定性战役战败而更加惨重。这一次，他撤退回法国，俄国、普鲁士和奥地利的军队穷追不舍。

巴黎收到了莱比锡的消息，但几乎没有人认为这座城市会遭到外国入侵，直到"大军团"（Grande Armee）的难民开始涌入城门。这

下图：1812年，拿破仑率领军队艰难地从莫斯科撤退。拿破仑的60万士兵中有50多万人在战役中阵亡。

个由逃兵、难民和伤员组成的衣衫褴褛的队伍挤满了街道，他们在那里乞讨，并有人死亡，他们带来的俄罗斯暴力报复的消息吓坏了旁观者。这座城市很快变得狂热起来：医院疏散了精神病人和老人，给伤员让路，停尸房已经满了，尸体被扔进塞纳河中。巴黎人砍伐树木，在街道上设置路障，商店都封起来以防抢劫。1814年3月下旬，城墙上响起了一声呼喊："哥萨克人来了！"

拿破仑的加冕礼

阿布兰特什公爵夫人是巴黎的社会名流，也是拿破仑加冕礼的宾客。她是作家奥诺雷·德·巴尔扎克（Honoré de Balzac）的情人，后者帮她编著了回忆录，其中有这样一段：

"拿破仑经过时，受到了热爱与依恋的衷心问候。到达巴黎圣母院后，他登上了竖立在大祭坛前的宝座，他的妻子约瑟芬坐在他旁边，周围是聚集在一起的欧洲各国君主。拿破仑似乎异常平静……然而冗长的仪式似乎

上图：拿破仑以最高的荣誉——法国皇帝的皇冠奖励自己。

使他疲惫，我看到他几次想打哈欠……涂圣油时，圣父做了令人印象深刻的祈祷……但就在教皇要把皇冠，即'查理曼大皇冠'从祭坛上拿下来时，拿破仑抓住它，戴在了自己头上！这一刻，他真的很英俊，他脸上流露出一种任何语言都无法表达的表情。他已经摘掉了进教堂时戴着的那顶月桂花冠，杰拉德的精美画像中，花冠环绕在他额头上。也许皇冠本身不太适合他，但他戴上皇冠时兴奋的表情使他显得十分英俊。"（阿布兰特什公爵夫人，《回忆录》，杰拉德·雪莉译）

地下墓穴

拿破仑在统治期间，下令打开巴黎的地下墓穴，以容纳圣婴公墓的多余的尸体。几个世纪以来，有两百万具尸体被埋葬在圣婴公墓中，而在18世纪后期，墓地里的尸体已经挤出了边缘。恐怖统治造成的腐烂头颅和断肢已经高出地面，而埋藏时间更长的尸体的巨大重量已经冲进了附近几座房屋的地下室。据报道，空气恶臭，甚至有几个人死于这气味。墓地里的尸体被挖掘出来并运送到城市郊区的地下墓穴和较小的墓地中，包括拉雪兹神父公墓。多年来，这些地区成为掘墓者和神父的黑暗领地，夜间，他们在灯光下进行祈祷和转移尸体的工作。

左图：据估计，如今的地下墓穴中存放着600万到700万巴黎人的遗体。

反法联盟军队轰炸了这座城市，然后入侵。这场战斗很短暂，只持续了几个小时就签署了停战协议，香榭丽舍大街上可以听到可怕的哥萨克骑兵的马蹄声。然而，拿破仑对俄国犯下的错误并没有受到惩罚，沙皇亚历山大一世（Alexander Ⅰ）承诺不会进行任何报复，而且巴黎现在处于沙皇的"特殊保护"之下。巴黎人没有反抗新占领者，反而开始庆祝。作为回报，占领者也没有过分行为。哥萨克人大多克制自己的恶习，也成为巴黎餐馆里的常客，在这里，哥萨克人担心被上级抓到喝酒，他们吃得很快而且动静很小——由此诞生了巴黎的"小酒馆"，名称源自俄文"快速"。然后，几乎同他们出现时一样迅速，占领军撤离了。取而代之的是一位新的统治者：国王路易十八（Louis XVIII），他是最近被斩首的路易十六的兄弟。君主制又回来了。

王朝复辟

如果说在看到波旁国王路易十八这个自负肥胖的人物时巴黎人民集体抱怨，那么他们对拿破仑在厄尔巴岛流放 11 个月后重返首都也几乎是一样的态度。路易十八逃往英国，但拿破仑仅仅掌权 100 天。最后，拿破仑的军队在滑铁卢战场惨败，他被永久放逐到大西洋贫瘠的圣赫勒拿岛上，继位的君主接踵而至：复辟的路易十八、他的儿子查理十世（Charles X），以及法兰西最后一位国王路易·菲利普一世（Louis Philippe Ⅰ）。

在这些变化期间，巴黎是一个严重分裂和不安的城市，有许多相互竞争的派别，包括雅各宾派、保皇派、天主教派和波拿巴派，每个派别似乎都只要再多一丁点儿怨气就会成为暴徒。大革命的理想似乎已成为遥远的记忆，因为这座城市的贵族和富有的资产阶级与一贫如洗的群众难以共存，受革命及其肮脏后果影响最大的群体是无产阶级。

"人、动物的粪便和腐烂的垃圾都挤在一起。"

在君主制复辟之前，巴黎是一个地狱般的地方。赌场和妓院围满了王室宫殿，市中心是暴力和罪恶的聚集地。乞丐在黑暗的小巷里抢劫富人，据报道，当时巴黎有 1000 名乞丐，其中许多人是拿破仑被流放后的逃兵或失业的退役士兵，这些人成了主要的巴黎下层阶级，他们对毫无戒心的巴黎人的暴行成了城市噩梦，强奸、殴打和谋杀司空见惯。

无产阶级居住的地区，如圣马索（Saint-Marceau），绰号为"苦难的郊区"，在复辟期间充斥着更多暴力和绝望。人、动物的粪便和腐烂的垃圾都挤在一起，据说污秽的"雾霾"覆盖了许多这样

下图：图中，巴黎的哥萨克侵略者在进城前扎营。沙皇亚历山大一世下令不得对拿破仑进攻俄国的行为进行报复。

路易十六不久前被斩首,他的弟弟路易十八的加冕典礼上人们叹息声不断——君主制又回来了。

的地区，官员们下令孕妇必须转移到更卫生的环境中去，这些妇女，还有生病的流浪儿童和精神病人很快就挤满了医院。当时性病很流行，人们设立了米迪医院（Hôpital du Midi）来治疗性病患者。然而，等待治疗的患者的名单长得令人难以置信，而这座城市的7.5万名妓女使得等待的名单越来越长。

描述贫困

19世纪作家维克多·雨果（Victor Hugo）在他的小说中描述了巴黎的贫民窟，反而被批评它们加剧了资产阶级的恐惧：

"当时的一条街道，没有房子，没有铺砌，周围是灌木丛生的树林，是草地或泥泞随季节变化，直奔环绕巴黎的城墙……视线所及之处，除了公共场所的废墟、城墙和各处类似于军营或修道院的工厂外，别无他物；四面八方都是破败的茅屋和成堆的垃圾，旧墙像寡妇的丧服一样黑，新墙像裹尸布一样白。四面八方，一排排平行的树木，排成直线的建筑物，扁平的结构，长长的冰冷的透视视角，以及阴森森的直角。"（维克多·雨果，《悲惨世界》，查尔斯·韦伯译）

上图：维克多·雨果的《悲惨世界》插图。图中，沙威探长正在寻找小说的主角冉阿让。

最糟糕的郊区变成了禁区，公共卫生设施消失了。在复辟期间，巴黎是一个肮脏得可怕的城市，尽管它的许多地区正在改造升级，但对于无产阶级居住区往往只是任由它衰败。因为没有垃圾桶，所以巴黎25万户家庭的垃圾直接扔在街上。未经处理的污水流入洗涤和饮用水源塞纳河，河岸堆积着恶臭的沉积物。蒙福孔绞刑架遗址上建造的屠宰场的径流进一步污染了供水。1832年，巴黎暴发了其历史上最严重的一次霍乱疫情。

霍乱感染

霍乱暴发时，德国诗人海因里希·海涅（Heinrich Heine）正在巴黎，他在日记中对此进行了描述：

"那天晚上，舞会比平时更热闹；欢快的笑声几乎淹没了音乐的轰鸣；人们跳骚动舞（一种相当干脆利落的舞蹈）跳得很热，大口吞下各种冰的东西和其他冷饮——当最活跃的小丑突然感到双腿发冷而摘下面具时，令所有人惊讶的是，他脸色青紫，很快人们就发现这不是玩笑。笑声停止了，几辆马车直接从舞会赶到主宫医院，他们穿着华丽的服装到达那里，很快也死了……据说死者很快就被埋了，甚至连他们穿的彩色方格的小丑服都没有脱掉；他们活着时很快乐，现在安静地躺在坟墓里……

"'我们都将一个接一个地被塞进麻袋里。'我的仆人每天早上通报有多少人死亡或某个认识的人死去时都会叹息着这么说。'塞进麻袋'这句话可不只是个比喻，棺材很快就没有了，大部分死者都被装进袋子里埋葬……那些看守尸体的人冷漠地数着麻袋数量，报告给埋葬尸体的人；后者在将尸体堆放在手推车上时，低声重复这个数字，或者无情地抱怨他们收到的尸体少了一具，为此经常引起奇怪的争论。我还记得有两个满脸悲伤的小男孩站在一旁，有个男孩问我能否告诉他他父亲在哪个麻袋里。"（海因里希·海涅，《海因里希·海涅作品集》，查尔斯·利兰译）

1832年3月，第一批霍乱患者开始出现在主宫医院，表现出一系列令医生感到困惑的症状：发烧、胸痛、呕吐、头痛、中风。他们一开始来自城市范围内的无产阶级郊区——第十二区、第九区和第七区，但很快就有来自全市各地的病例住院。医院很快人满为患；到月底，所有住院的都是霍乱患者，没有人出院。

4月，满载尸体的马车在街道上哒哒作响，浓浓的死亡气息在城市上空徘徊。霍乱暴发最令人困惑的一个方面是症状可能逐渐显现，也可能在没有警告的情况下一起出现，一些人在发现症状后数小时内死亡，而另一些人则数天萎靡不振，据说即使在他们还活着的时候也像死者一样，舌头变得冰冷。人们对这种疾病以及治疗方式知之甚少。一位巴黎官员建议，为预防这种疾病，人们应该泡掺有醋、盐和芥末的热水澡，并饮用酸橙茶。

六个月的疫情结束时，已有近 1.9 万人死亡，大多数患者来自无产阶级郊区，尽管这种疾病同时困扰着富人和穷人。许多人指责国王路易·菲利普一世在无产阶级地区使用的水中下毒。直到 1854 年人们才发现恶劣的卫生条件、过度拥挤的生存环境和被污染的水系统之间的联系。

七月革命

暴动是 19 世纪巴黎的常客。起义是人民对查理十世不得人心的统治的回应，查理十世于 1824 年接替路易十八，似乎一心想让君主制恢复到革命前的盛况，查理十世在他短暂的任期内，试图成为一个专制君主：他重申天主教会的权力，补偿被革命剥夺财产的贵族，并限制报社日益增长的影响力。1830 年，他试图通过入侵阿尔及利亚来讨好公众，但这掏空了王室的金库，结果适得其反。

1830 年，法国经济放缓直至停滞，失业率居高不下，农业危机导致巴黎粮食短缺。然而，当 1830 年 7 月 25 日查理十世宣布暂停宪法并改革选举制度时，转折点才出现。7 月 26 日，酷暑中一群人聚集在王宫外，高喊"打倒波旁国王！"还砸坏了新安装的 2000 盏路灯中的一些。7 月 27 日早上，士兵们叫停了该市的报纸，进一步激怒了在王宫的人群，他们向士兵投掷石块，随后士兵向他们开枪。随着抗议演变成骚乱，暴力一直持续到晚上，随后在圣安托万路和格列夫广场周围进行了为期三天（7 月 27 日至 7 月 29 日）的战斗，被称为"光荣的三日"（les Trois Glorieuses）。

暴乱者在全市范围内设置了路障，并向士兵投掷铺路石、瓦片和花盆，作为回

下图：1832 年霍乱暴发。这成为巴黎历史上最严重的霍乱疫情。

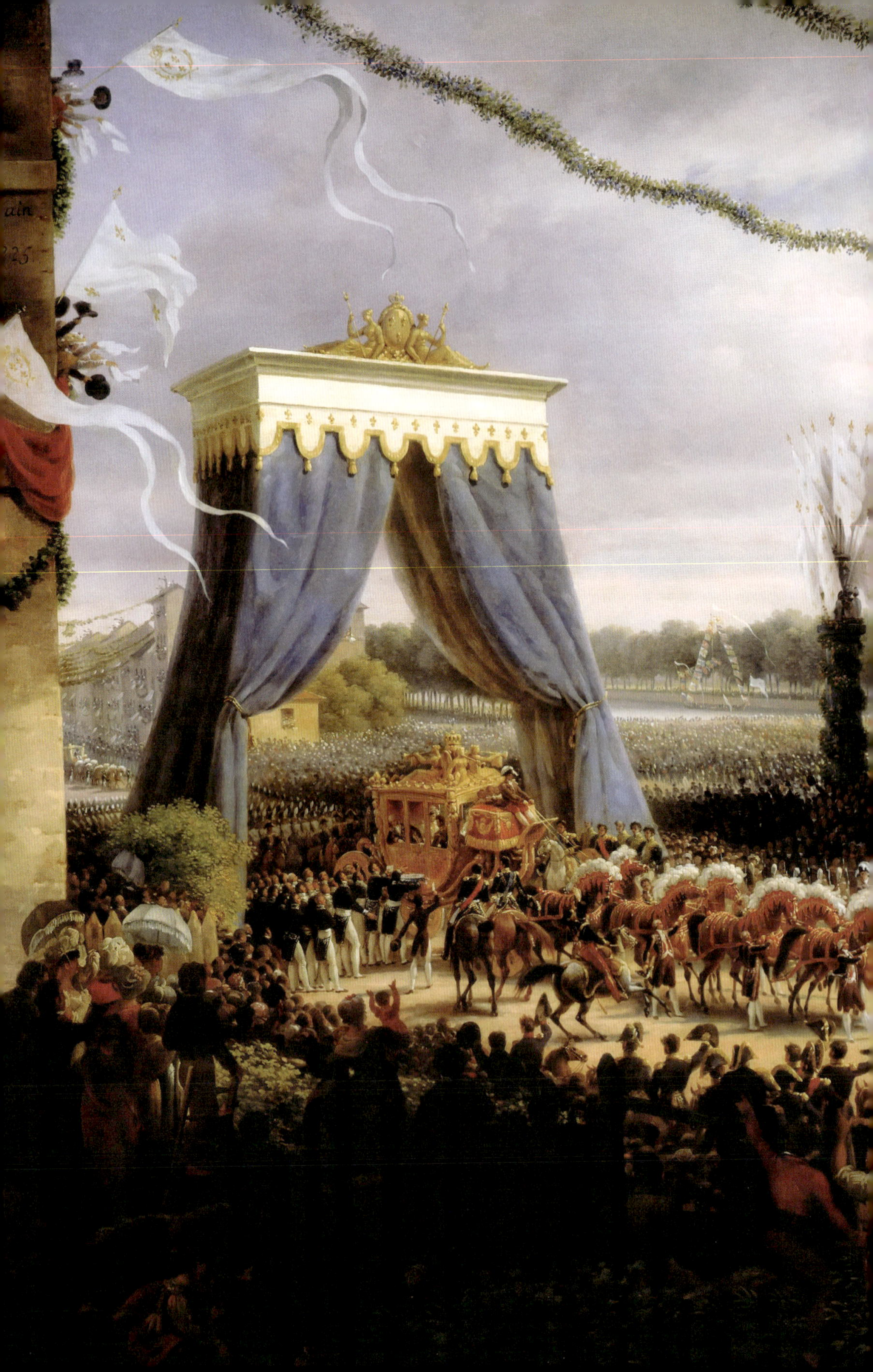

跨页图：图中，查理十世带着他所希望的所有绝对君主的排场进入巴黎。作为复辟王朝的倒数第二位国王，查理十世的统治导致了七月革命。

下图：在欧仁·德拉克罗瓦（Eugène Delacroix）的画作《自由领导人民》中，来自各行各业的巴黎人都为七月革命的光荣三日而奋起。

应,查理十世命令不受欢迎的奥古斯特·德·马尔蒙(Auguste de Marmont)元帅镇压他们。马尔蒙元帅的计划是保护重要的建筑,如王宫、司法宫和市政厅,同时切断城市通道,包括桥梁。该计划注定要失败:马尔蒙元帅根本没有足够的部队在守卫建筑物的同时镇压叛乱。

马尔蒙元帅的许多士兵公开当逃兵,而其他人则临阵倒戈。马尔蒙给查理十世发了一封简信:"陛下,这不再是骚乱,而是一场革命。陛下急需采取安抚措施。王冠的荣耀依然可以挽回。也许,明天就没有时间了……臣急切等待陛下的命令。"然而,查理十世和他的一些支持者躲在凡尔赛宫拖延时间。

到了光荣三日的第三天,革命者已经在巴黎的街道周围设置了4000个路障,并在屋顶上悬挂了三色旗。马尔蒙元帅犹豫不决:他既没有下令新的预备队奔赴前线,也没有试图逮捕起义的主要领导人;相反,他无助地等待国王的命令,但命令一直没有到来。

到了下午,革命者洗劫了卢浮宫和杜伊勒里宫,并在巨大的王室酒窖里喝得酩酊大醉。马尔蒙元帅想要守卫的其他建筑物也沦陷了。有趣的是,醉酒的革命者小心翼翼地不搞破坏,不遗余力地保护这座城市的珍贵艺术品和文物。到7月29日下午,巴黎就属于他们了。

起义结束,查理十世和他的儿子放弃了他们的王位权利并流亡英国,取代国王查理十世的是来自奥尔良家族的路易·菲利普一世,但只是作为立宪君主。七月革命是巴黎无产阶级第一次真正参与和赢得战斗的革命,因完

上图:路易·菲利普一世被称为"公民之王",他想让人认为他是人民的朋友,他保留了一副备用手套,只在和无产阶级握手时戴。

成了 1789 年开始的工作而受到赞誉。现在人们正在等待一个崭新的世界，但它没有到来。

路易·菲利普一世很快就与查理十世的保守统治保持距离，将自己塑造成一个资产阶级商人的形象，他将摒弃一切专制主义的痕迹。他喜欢被视为人民的拥护者，称工人为"我的朋友"。然而，他也会带两副手套：一副用于与无产阶级握手，另一副用于与商人和贵族握手。

七月革命后资产阶级政客加冕了路易·菲利普一世，无产阶级感到被出卖了。街头的气氛动荡不安，暴力从未远离。数百人在 1831 年的骚乱中丧生，1834 年霍乱暴发后，另一轮骚乱又开始了。1835 年，一名科西嘉移民试图暗杀路易·菲利普一世，为此，他成为第一个在被处决前免于酷刑的弑君未遂者（不知算不算荣誉）。

路易·菲利普一世的问题在于，他希望创造一个舒适的世界，让向上流动的资产阶级能够茁壮成长。与当时的其他西欧的中心城市一样，巴黎正在享受工业革命的许多资产阶级果实。巴黎被巴尔扎克描述为"文明的领袖、祖国最可爱的城市"，拥有室内购物商场和第一家大型百货公司；华丽的火车站和综合公共交通系统；蓬勃发展的艺术品交易；优秀的科学学习中心；戏剧、音乐会、剧院；当然，还有餐厅和世界一流的美食。它是漫游者（flaneur，即沉迷享乐的闲人）的首都，他们悠闲地漫步在光明之城，在人群中畅饮，感受时代的创造力。根据伟大诗人夏尔·波德莱尔（Charles Baudelaire）的说法，漫游者是现代大都市的艺术家兼诗人。巴尔扎克认为漫游（flanerie）让人"大饱眼福"。

1843 年，巴黎的小说和报纸源源不断，轮转印刷机的发明使这一现象在欧洲范围内成为可能。巴黎人喜欢这种印刷品的涌入，部分原因是他们喜欢阅读关于他们自己的文章：当时巴黎有 26 种不同的报纸。印刷品也投下了阴影：巴尔扎克和欧仁·苏（Eugène Sue）等作家的小说用关于这座城市不满的下层阶级的故事吓坏了资产阶级；一些报纸呼吁无产阶级起来反抗镇压。

欧洲新社会主义最著名的典范是卡尔·马克思的科隆报纸《新莱茵报·民主机关报》。马克思与弗里德里希·恩格斯共同撰写的《共产党宣言》正在为欧洲大陆注入活力，他将巴黎称为欧洲的革命中心，呼吁巴黎的工人再次起义。1848 年，巴黎工人响应号召，成为席卷欧洲的革命浪潮的一部分。然而，1848 年的

"粗制滥造的小说用关于这座城市不满的下层阶级的故事吓坏了资产阶级。"

革命以社会主义运动的失败告终。到年底，每个欧洲国家都有了独裁者。

1848 年革命

巴黎在 1848 年革命之前处于危机之中，人口已达到一百万，但该市没有基础设施来支持庞大的人口数目。在著名的危险郊区，如圣维克托（Saint-Victor）和圣马赛尔（Saint-Marcel），超过三分之一的巴黎无产阶级住在拥挤的五层住宅中。西堤岛和以往一样，是一个充满黑暗小巷、妓院和城市强盗的险恶迷宫。

穷人面临过度拥挤、饥饿和失业的窘境。1846 年和 1847 年的歉收导致了饥荒：巴黎三分之一的成年人失业。路易·勃朗（Louis Blanc）等作家呼吁"工作权"，但路易·菲利普一世拒绝改革或帮助群众。火种正等待着火焰来点燃。

下图：这张 1832 年的图片显示，路易·菲利普一世在"出版自由工作室"中用手捂住一位女印刷商的嘴。

压死骆驼的最后一根稻草是 1848 年 2 月的一项法令，禁止政治活动家举办宴会以筹集资金。一群无产阶级和资产阶级聚集在外交部外，另一群人开始筑路障。抗议者和路易·菲利普一世的士兵之间很快就开始了一场持续的战斗。第二天，一名士兵紧张地向外交部门前的人群开火，其他士兵也模仿他的行为，抗议者中有52人在随后的大屠杀中丧生。

"巴黎爆发了战争：公共汽车被用作路障，树木被砍伐以建造其他路障。"

巴黎爆发了战争：公共汽车被用作路障，树木被砍伐以建造其他路障。路易·菲利普一世退位并逃往英国，法国曾经延续1000年历史的君主制又一次走到了尽头。他离开数小时后，一群人冲进杜伊勒里宫和王宫。国王的家具和画作被扔出窗外，王座被抬过城市，在巴士底广场点燃。法兰西第二共和国开始了。

第二共和国宣布出版自由、集会自由、男性普选权和10小时工作制。撇开这些进步政策不谈，巴黎的穷人仍在挨饿，几个月后他们的生活几乎仍然没有改变，失业人数已达18万多。许多人认为他们被资产阶级出卖了，资产阶级正在幕后操纵共和政府。1848年6月，巴黎无产阶级再次起义，这次资产阶级没有加入他们。6月23日，由于骚乱和巷战已经开始，路障被匆忙搭建起来，但现在政府军将严厉打击起义者。

下图：王室马车在1848年革命期间被点燃。法兰西第二共和国随后诞生。

巴尔扎克

奥诺雷·德·巴尔扎克写了90多部小说,捕捉到了巴黎居民的许多疑虑和偏见。和许多同时代的作家一样,巴尔扎克抱怨这座城市的"外国人和外省人比巴黎人还多"。巴尔扎克自己出生在外省,他对外国人的厌恶概括了19世纪巴黎普遍的仇外情绪,尤其是针对英国人和阿尔及利亚人。此外,巴尔扎克认为无产阶级比在新殖民的非洲大陆上发现的"蛮族人"好不了多少。他对巴黎本地人的描述让他的读者既害怕又兴奋:

"最恐怖的景象之一当然是巴黎民众的普遍面貌——一个可怕的民族,憔悴、面色黄褐……那些面孔扭曲的人,每一个毛孔都散发出大脑所孕育的本能、欲望和恶毒;与其说是脸不如说是面具:软弱的面具,力量的面具,痛苦的面具,欢乐的面具,虚伪的面具。"(奥诺雷·德·巴尔扎克,《金目少女》,艾伦·马里奇译)

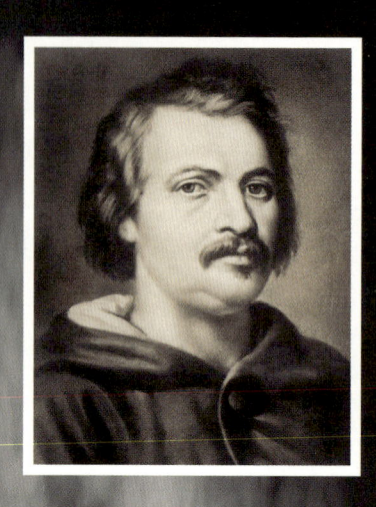

上图:不写作时,巴尔扎克被认为是一个似乎知道自己才能的张扬的花花公子。

刚刚为法国征服阿尔及利亚的路易-欧仁·卡芬雅克(Louis-Eugène Cavaignac)将军负责镇压"红色"叛乱。他带来了3万名正规军,并将重炮对准路障,起义军几乎没有机会。在三天的战斗中,超过1500人丧生。一部分尸体高高地堆在布兰奇街上,其他尸体则原地腐烂。超过1万名起义者被捕并被运往阿尔及利亚或被集体投入监狱地牢。

尽管共和国名义上仍然存在,但很明显,军队现在是法国真正的主人。1848年12月,波拿巴的侄子路易·拿破仑三世(Louis Napoleon III)赢得总统选举,他坚称他"高于政治",并承诺要带法国回到他伯伯统治时风光的日子。1852年,他未能修改宪法以延长任期,于是发动政变并加冕为皇帝。法兰西第二帝国开始了。

阿尔及利亚的征服者路易-欧仁·卡芬雅克将军被派来镇压巴黎叛乱。他被称为"六月屠夫"。

法兰西第二帝国

拿破仑三世被描述成一个矮矮胖胖、目光呆滞的人，他冷漠、粗鲁、缺乏自信，但同时他又迷人、浪漫、聪明。政治家阿道夫·梯也尔（Adolphe Thiers）于1840年将拿破仑·波拿巴的骨灰从圣赫勒拿岛带回家，将拿破仑三世描述为"一个白痴"。

然而，拿破仑三世是一个对自己有远大抱负并对巴黎抱有雄心壮志的人。他宣称他将成为另一个奥古斯都，因为"奥古斯都让罗马成为一座大理石之城"，拿破仑三世将巴黎变成了我们今天所知的现代城市。负责重建的是乔治-欧仁·奥斯曼（Georges-Eugène Haussmann）男爵，他把伟大的林荫大道带到了巴黎："我们撕开了旧巴黎中心那些起义和路障的街区，并在几乎无法穿透的迷宫般的小巷中一点一点地开辟了一个大口。"

奥斯曼的计划是开放巴黎，清理小巷和贫民窟，鼓励资本在城市周围自由流动。林荫大道将使部队能够快速到达城市的任何部分，并且故意建造得很宽，这样就无法在其中建造路障。

下图：这张1858年的巴黎地图以红线详细标注出第二帝国时期拿破仑三世和奥斯曼男爵建造的林荫大道。

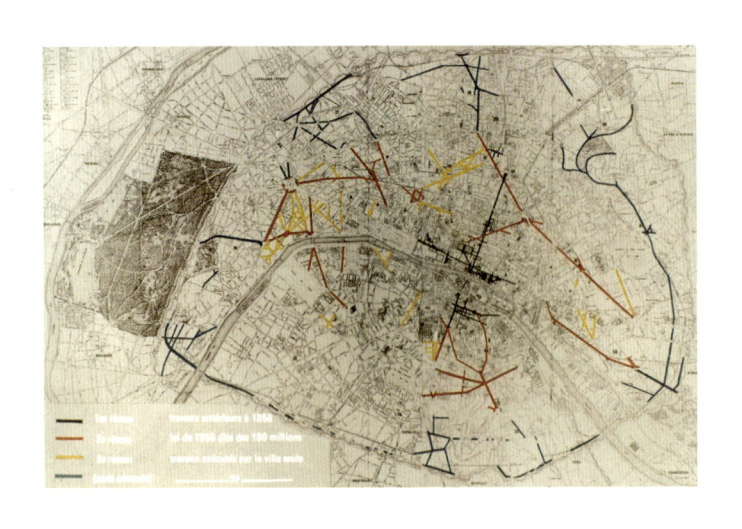

其效果是将巴黎变成了一座灯火通明的繁荣城市，由3万盏煤气灯照亮。这是一个由林荫大道、公寓楼和黑色锻铁栏杆组成的城市景观。由于城市的下层阶级被推到更远的郊区，富有的巴黎市中心人可以自由地追随拿破仑三世制定的社会和道德基调。拿破仑三世试图重振路易十四时期最后一次出现在巴黎的狂欢气氛：狩猎在枫丹白露的树林继续，蕾丝和羽毛帽子重新流行起来，铺张的蒙面舞会在奢华的大厅里举行。

这些舞会通常都与性密切相关，以衣着暴露的模特为特色，与会者在主宴会厅外的前厅里狂欢。在历史悠久的巴黎传统中，上层阶级的肉欲体现在下面——据说当时大约有3万名妓女在这座城市工作，其中一些人愿意接受在剧院过夜或在餐厅吃饭来代替嫖资。卡巴莱歌舞表演是另一种流行的戏剧形式，尽管其最著名的舞蹈康康舞被一些人嘲笑，因为其色情性质来自粗俗的阿尔及利亚。

当许多人享受拿破仑三世时代日益繁荣的巴黎时，无产阶级又一次思考哪里出了问题。1789年、1830年和1848年的革命承诺带来平等的法国新社会，但在每次起义结束时，似乎只有资产阶级受益。如今，在新的巴黎，无产阶级被推到了城市边缘，奥斯曼男爵创造的贫民区形成了繁荣中心的黑暗阴影。在巴黎社会的表面之下，是一种沸腾的苦涩。

巴黎围城

拿破仑三世统治的顶峰是1867年世界博览会，游客可以乘坐热气球飞越展示现代社会工业成就的大型椭圆玻璃建筑。而后，几年之内，拿破仑三世闪闪发光的新巴黎将陷入火焰之中。

拿破仑三世的死对头是精于暗算的普鲁士宰相奥托·冯·俾斯麦（Otto von Bismarck）。这位宰相想攻打邻国对手（拿破仑三世），试试他的决斗武器。刀剑交锋，拿破仑三世直接落入俾斯麦设下的大象陷阱（国际象棋中一种

下图：一幅展示了1867年世界博览会椭圆形玻璃建筑的石版画。

常见的取得先期优势的方法)中。1870年7月16日,拿破仑三世向普鲁士宣战。

到9月1日,拿破仑三世的统治结束了。他在色当会战失败后向普鲁士国王威廉一世(Wilhelm Ⅰ)投降,并在敌军逼近时离开巴黎,任巴黎自生自灭。人们对拿破仑三世投降先是感到厌恶,然后是愤怒,接着是欣喜:帝国完蛋了!一群暴徒冲进了杜伊勒里宫,捣毁了皇帝的半身像,消灭了任何帝国统治的痕迹。随着第三共和国宣布成立,人们认为俾斯麦将停止进军巴黎,但他没有,9月15日,普鲁士军队到了城门口。

几天后,为期四个月的巴黎围城开始了。巴黎城内,从前线撤退的40万名士兵开始加固政治家阿道夫·梯也尔于1840年在城市周围建造的34千米(21英里)长的城墙,正是这一点让巴黎人能够抵抗入侵者。

俾斯麦和威廉一世将总部设在凡尔赛宫,在镜厅里,威廉一世宣布自己为德意志皇帝。在巴黎城内的人囤积了物资,包括超过20万只绵羊。然而,这不足以让被围困的人吃饱。到10月,香榭丽舍大街沿线的树木被砍伐以用作柴火,巴黎人开始吃马肉。

上图:1870年的维利耶战役是巴黎围城战期间法国试图突围发起的战役之一。超过9000名法国士兵在战斗中丧生。

围城时期菜单，1870 年

这些是 1870 年末巴黎高级餐厅供应的一些菜肴，包括邻舍咖啡馆（Café Voisin），它在圣诞节供应蘸鹿肉酱的狼腰腿肉作为主菜。

大象白汤	英式烤骆驼
烤狗肝	羚羊松蓉砂锅
蛋黄酱猫脊肉末	红烧袋鼠
豌豆狗肩肉	幼鼠与狗头
填馅驴头	海棠汁
芥末酱老鼠炖肉	马骨髓汁李子布丁
辣椒酱熊排	

尝试将巴黎军队与留在各省的法国军队联系起来的几次军事突围都失败了。一种更有创意的逃生方法是用巴黎的热气球：热气球投入正常使用后，在围困期间发送了超过 200 万封信件，运载了数百名乘客。气球寄信的价格是一封 20 生丁（100 生丁合 1 法郎），而信鸽寄信是每个字 50 生丁。信鸽寄信要在一块大硬纸板上写下一封信，拍照，然后打印成 40 毫米 × 55 毫米大小并折叠寄出。但信鸽寄信不如热气球寄信成功，尤其是普鲁士军队使用猎鹰拦截信鸽后。

巴黎人的创造力并没有止于热气球。有人建议用浸有毒药的别针武装巴黎的妓女，如果城市沦陷，可以在普鲁士士兵最脆弱的时候使用它们。所有可用的材料也都被用来制造武器：教堂的钟被熔化制成大炮，青铜和锡用于制造步枪弹药筒。大炮在暴力对抗普鲁士围攻中将发挥重要作用，到 12 月，普鲁士围城已给这座城市造成了惨痛的损失。

"老鼠也变成了一种美味。"

很明显，普鲁士人打算让巴黎人饿死，而这种策略正在产生效果，狗和猫现在出现在菜单上，因为这座城市已经没有马了。尽管被围困，巴黎对烹饪装饰的喜爱依然存在：育肥了的猫被摆在盘子的中央，周围是小香肠形式的老鼠。据作家泰奥菲尔·戈蒂耶（Théophile Gautier）所说，家养宠物开始意识到它们的主人"以一种奇怪的方式对待它们，并且主人在假装爱抚它们的时候，他们的手感觉就像屠夫的手指，正在确定它们身上丰满的部位"。

老鼠也变成了一种美味，巴黎人研发了特殊的酱汁来隐藏肉的形状。人们普遍认为，啤酒厂的老鼠优于下水道的老鼠，不管是哪种老鼠，好的"老鼠派"都可以掩盖它们的味道。阶级再次决定谁吃饱谁挨饿。上层阶级以市动物园供应给餐馆的新鲜肉类为食。骆驼、狼、羚羊和动物园的大象卡斯托尔和波吕克斯都在菜单上，而动物园里的食肉动物则被认为太危险，不能靠近，只能留下挨饿。在社会经纬的另一端，下层人民被迫重复中世纪的挖掘尸体和煮骨头作为原料的做法。

为了加剧巴黎的痛苦，俾斯麦开始用他的大口径克虏伯大炮对这座城市进行无情的炮击，这门大炮在1867年巴黎博览会上让人群赞叹不已。俾斯麦的战略是恐吓平民，让平民迫使他们的指挥官投降，但没有奏效：巴黎人反而变得比以往任何时候都更加坚定。然而，这座城市的资产阶级变得紧张起来，像雨点般袭击这座城市的炮弹正在摧毁他们的生意和房产以及他们赚钱的能力。2月，资产阶级迫使国民议会与普鲁士人达成和平协议，但无产阶级在围困中受害最深，与资产阶级不同，他们破碎的生活不会那么容易重新开始。他们不能被再次出卖。于是，在1871年春天，无产阶级的新革命开始了。

下图：在巴黎围城战中，普鲁士士兵装备着他们的重型火炮。普鲁士军的目的是让普通巴黎人因恐惧而发疯。但没有奏效。

处决法

凡尔赛政府议会正在射杀囚犯的消息传到公社时,公社下令立即进行反击。公社发布了《人质法令》,该法令规定,在陪审团进行短暂审判后,任何被指控与凡尔赛政府共谋的人都可以被监禁。然后,议会每枪杀一名拥护公社的囚犯,公社就会处决三名人质。作为回应,议会通过了自己的法律,赋予军事法庭权力处决所有被逮捕24小时内的囚犯。小说家埃米尔·左拉(Émile Zola)在《钟声报》上这样描述这些事件:

"因此,我们巴黎市民被置于两条可怕的法律之间:公社带来的嫌疑犯的法律和肯定会得到议会的批准的快速处决法。他们不是在用炮火打仗,而是在用法令互相屠杀。"

巴黎公社

普鲁士人与新共和政府议会现任主席阿道夫·梯也尔之间的停战条款包括解除法国国家军队的武装。然而,当军队来收集留在巴黎蒙马特山的200门大炮时,人们抗议了。他们不准备将这座城市的枪炮交给一个新的资产阶级共和政府,而且该政府的权力中心是凡尔赛而不是巴黎。愤怒的抗议者枪杀了两名将军,将尸体吊起来。

军队撤离了这座城市,64名公社代表聚集在市政厅的台阶上,举起一面红旗,宣布巴黎已经在公社的手中。这个团体是一个奇怪的组合,包括国民自卫军成员、雅各宾派、无政府主义者、革命的女权主义者和各种移民,其中还有波兰活动家雅罗斯拉夫·东布罗夫斯基(Jaroslaw Dombrowski)。公社宣称自己进行的是真正的人民革命,公社立即开始为工人制定新的法律,例如禁止面包师上夜班。

然而,公社推迟了立即向凡尔赛进军以控制议会的时机,从而失去了宝贵的主动权。当公社的国民自卫军向凡尔赛进发时,议会的正规军已经有时间重新集结,并为抵御进攻做好了准备。当公社军队前进时,灰蒙蒙的黎明已经变成白昼,2.7万人的公社军队完全被议会的炮火所淹没。逃回巴黎的公社社员认为军队不会

公社的代表聚集在市政厅外。几周之内,这座建筑就会着火。

向任何留下的人开枪,但他们错了:议会军队被告知这是一场内战,囚犯将被处决,而不是被俘虏。

现在轮到议会向巴黎进军了,而在巴黎城内,巴黎人正享受着某种节日气氛。5月21日晚,1000多名音乐家在杜伊勒里宫举行了一场音乐会。音乐会结束时,国民自卫军的一名军官宣布:阿道夫·梯也尔承诺在前一天进入巴黎,但他没有,所以所有参加者都被邀请回来参加下周日的另一场音乐会。

这一消息宣布后仅几个小时,就有7万名议会士兵从该市西部防御缺口中进入城内,他们在向中心行进之前受到了圣克卢郊区资产阶级居民的欢迎。公社社员急忙设置路障挡住他们的来路。

这是一场绝望的战斗:公社社员知道自己不会有任何退路,所以这是一场生死搏斗。最勇敢的人在皇家路和协和广场的大型路障后面坚守阵地,但不久,军队就占领了这座城市的关键阵地。公社在退回到越来越孤立的抵抗区域时开始了焦土政策。关于"女纵火犯"(pétroleuses)——巴黎公社的女性社员——将燃烧装置

上图:赢回巴黎之后,公社路障为陆军炮兵提供了方便的掩体。该图是在伏尔泰大道拍摄的。

报纸报道

伦敦《泰晤士报》发表了关于镇压巴黎公社的每日报道，其中包括驻巴黎通讯记者通过电报提交的几段描述性散文。以下摘录自5月25日至29日的报道：

"巴黎正在爆发新的火灾，起义者把一箱箱石油到处放。鲜血在街道的排水沟中流淌，杜伊勒里宫的墙倒塌了，里沃利街正在燃烧，凡尔赛宫从周二开始杀害所有囚犯。我亲眼看到不少公社同情者被杀，其中有一个年轻人，衣冠楚楚，双手被绑，脑袋被炸飞……对叛乱分子的处决不断。财产破坏得可怕，据估计，巴黎的四分之一已被摧毁。周五晚上，来自圣德尼的一条消息称，巴黎仍有可怕的大火，火焰升得很高，照亮了方圆数千米。所有的人道援助似乎都毫无价值……公社正在苟延残喘，起义者在拉雪兹神父公墓奋力反击。昨天起义者射杀了巴黎大主教杜盖里神父和其他62名人质，现在剩下的起义者必须死或投降。有传言说凡尔赛政府实施了可怕的残忍行为，据报道，他们枪杀了手握武器的男人、女人和儿童。"（《泰晤士报》）

下图：对公社的暴力镇压将导致巴黎大部分地区被破坏。

扔进建筑地下室的谣言开始流传。现在,当议会部队向前推进时,浓密的黑烟在天空中涌动:巴黎正在燃烧。

到5月25日,该市许多最著名的建筑都着火了:杜伊勒里宫、王宫、司法宫、市政厅。议会士兵开始处决任何不穿正规军队制服的人。大屠杀中使用了重型火炮和毁灭性的新武器机枪。那些没有在战斗中丧生的人被排成排地枪杀,一位神父报告说,他目睹了一群妇女被绑在一起并被这样杀害。

公社社员在拉雪兹神父公墓进行了最后的抵抗,在那里,在巴尔扎克和德拉维涅(Delavigne)等著名巴黎人的坟墓前,他们被一群接一群砍倒,那些活着的人在墓地的一堵墙前排成排被射杀,这堵墙今天被称为巴黎公社社员墙。在革命结束后的"流血周"期间,行刑队的处决像工业流水线,1.5万~2.5万人被处决。

"美好年代"紧随着对巴黎公社的暴行到来。1871年5月流血周期间所犯下的恐怖似乎迫切需要被洗去,但它不会被轻易遗忘。以无产阶级的名义许下太多承诺的公社在短短的72天后就垮台了,对于法国无产阶级来说,这是一个惨痛教训,展示了抵抗政府的危险。1789—1871年巴黎进行了许多场革命,毫无疑问的是:掌握法国权力的是政府,而不是人民。

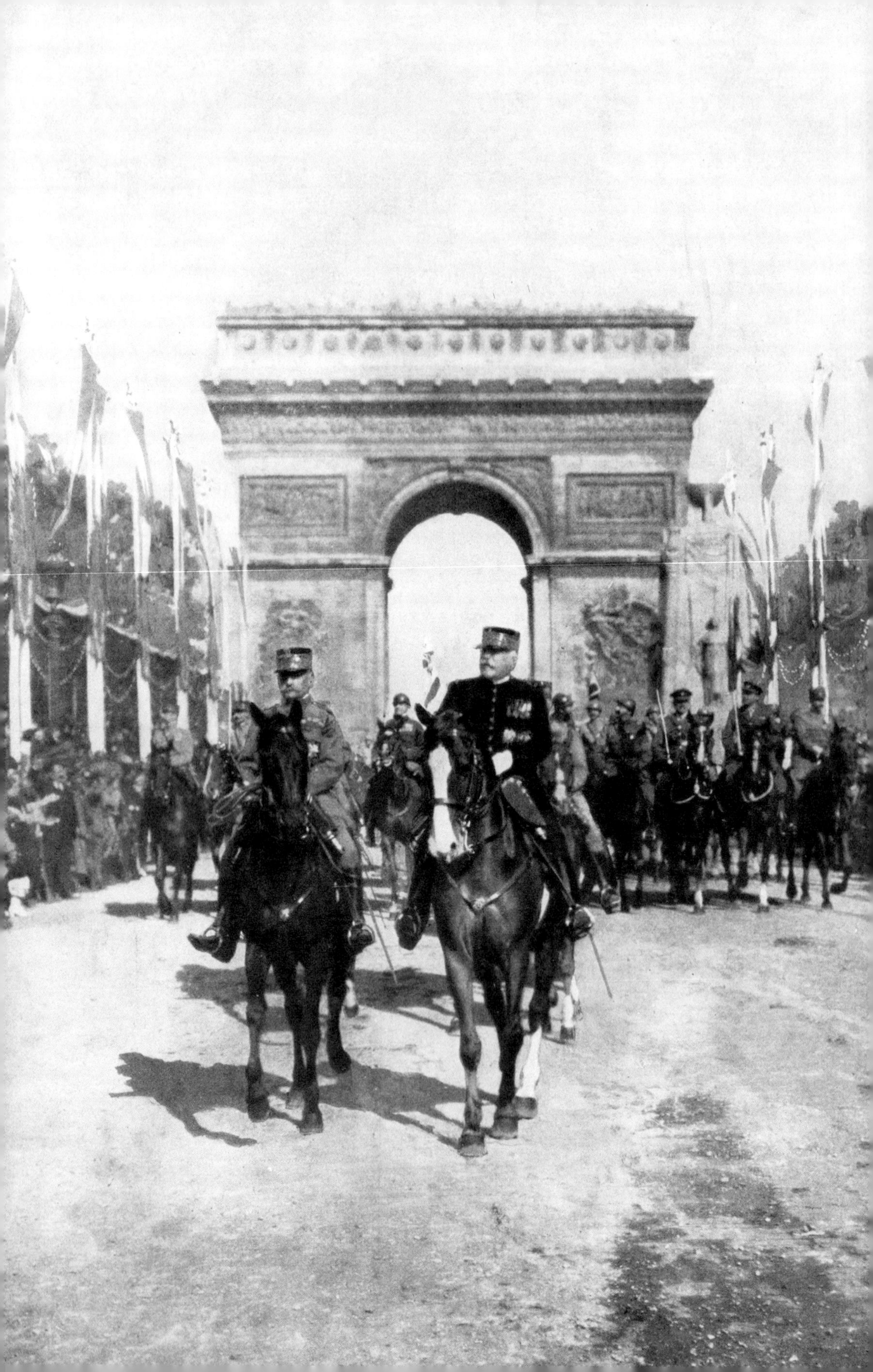

6

光明与黑暗之城

美好年代是一个令人眼花缭乱、乐观的时代，它试图消除公社的黯淡记忆，并在梦幻色彩的模糊中重新构建巴黎。但是，随着文化和产业创新席卷这座城市，没有什么可以掩盖其内部分歧，也没有人能预见到随之而来的灾难性冲突。

对页图：1919年，法国元帅福煦（Foch）和霞飞（Joffre）在香榭丽舍大街庆祝胜利。与1871年公社的破坏相比，第一次世界大战结束时巴黎几乎毫发无损。

美好年代之所以在世界记忆中占有一席之地,是因为这一时期被历史上一些最著名的艺术家记录了下来,伟大的印象派画家描绘了巴黎和法国的美丽画卷,并将其展现给世界。然而,这是一个建立在公社灰烬之上的时代。

许多创作者,包括雨果、左拉、福楼拜（Flaubert）、莫奈（Monet）、塞尚（Cézanne）和雷诺阿（Renoir）,在暴力事件最严重的时候逃离了巴黎,但慢慢地,回到了他们破碎的城市。他们最初的印象记下了一系列情绪,女演员莎拉·伯恩哈特（Sarah Bernhardt）咒骂"悲惨的公社"和"可恶可耻的和平",称她接触到的所有东西都有黑色、油腻的残留物,而且到处都是"苦涩的烟味"。

小说家埃米尔·左拉留在巴黎写作,大炮轰鸣,炮弹在他的公寓楼上空呼啸而过,当他周围的建筑物开始燃烧时,他逃离了这座城市。当他回来时,他惊讶地发现他的公寓里没有任何变化——甚至盆栽都还活着。这让他开始思考整个事件是否是"为吓唬孩子们而编造的令人讨厌的闹剧"。另一方面,作家古斯塔夫·福楼拜观察到,后公社时代的巴黎人之间仍然存在极端紧张局势:"一半巴黎人想掐

下图:雷诺阿的《新桥》,1872年。这位艺术家的新印象派风格被认为十分激进,他甚至因此被指控为普鲁士间谍。

死另一半，另一半也有同样的想法：你可以从路人的眼睛里看出来。"

艺术家爱德华·马奈（Édouard Manet）说："每个人都将责任归咎于他的邻居，但我们都应该为所发生的事情负责。"他还在1871年10月给艺术家贝尔特·莫里索（Berthe Morisot）的一封信中说巴黎正在恢复生机："我希望，小姐，你不会在瑟堡待太久，大家都在重返巴黎；此外，不可能住在其他任何地方。"

巴黎重建得很快：奥斯曼男爵的宽阔林荫大道已经建成；根据文艺复兴时期的设计，被毁坏的市政厅有了新的外观；备受诟病的前卫圣心堂（Sacré-Coeur）建在蒙马特的山丘上。对于无产阶级来说，圣心堂——在公社垮台后致力于和解——代表了资产阶级对城市穷人的胜利。这就是后公社时代巴黎的悖论：这座城市努力寻找自己的身份，将自己重新定位为光明之城和繁荣之城，但它在梦想着美好未来的同时，却在过去留下了一只泥泞的脚，印象派画家用绚丽的色彩描绘了这种浪漫、幻想的景象；政治现实却有不同的、更暗的色调。

"大家都在重返巴黎；此外，不可能住在任何其他地方。"

令人困惑的印象派

如今，印象派的作品因其对巴黎日常生活丰富多彩的描绘而立即被认出，但他们在首次展出时受到了广泛的批评。印象派艺术品放弃了对光和色彩的实地研究的现实主义原则，通常被认为是草图而不是成品，巴黎学院彻底拒绝了这种新风格。主题也是个问题，对资产阶级生活梦幻场景的描述被视为将穷人困境排除在外。马克思主义批评家蒂·詹·克拉克（T.J. Clark）想知道印象派是否是"资产阶级的特有风格"。

皮埃尔-奥古斯特·雷诺阿曾因为他的艺术而遭受过政治上的痛苦。1871年，雷诺阿在塞纳河沿岸作画时遇到了一群正在观察他作品的公社社员。公社社员不相信雷诺阿的画是艺术，并得出结论说他一定是个普鲁士间谍，正在为这座城市制订可视化计划。他们逮捕了他，准备将他枪杀，但雷诺阿在最后一刻被公社警察局长拉乌尔·里戈（Raoul Rigault）救了出来，他曾与这位艺术家一起躲避第二帝国的警察部队。里戈拥抱了雷诺阿，将他释放，并立即向他签发离开巴黎的通行证。

美好年代的政治

巴黎的政治紧随 19 世纪后期影响整个欧洲的快速变化。巴黎公社垮台后，巴黎保皇党获得了声望，到 19 世纪 70 年代后期，王朝复辟似乎已经迫在眉睫。然后左派复兴了：共和政府将其议会从凡尔赛搬到了巴黎，并释放了第一批公社囚犯。1885 年，当这座城市哀悼其英雄维克多·雨果的逝世时，左翼再次活跃起来，为了纪念他，巴黎人喝醉了，据说妓女在香榭丽舍大街的草坪上免费工作。

但仅仅两年后，就出现了好战的民族主义倾向：乔治·布朗热（Georges Boulanger）将军被选为国民议会成员，并立即呼吁消灭普鲁士。议会政治家乔治·克里孟梭（Georges Clemenceau）对布朗热的剑拔弩张感到震惊，并将这位将军的情妇驱逐到比利时，尽管抗议者呼吁布朗热在爱丽舍宫游行作为回应，但布朗热却追随了情妇的脚步，一年后，他在他情妇的坟前自杀。

一场更为险恶的右翼极端主义爆发是 1894 年的德雷福斯事件，这是一场全球性的丑闻，暴露了巴黎反犹太主义的黑暗洪流。阿尔弗雷德·德雷福斯（Alfred Dreyfus）是法国军队的一名犹太军官，被诬告向德国人出售军事机密。对德雷福斯不利的证据是一封信，详细说明了一门新法国大炮的技术规格，这封信是从废纸篓中捞出的，原告称信中是德雷福斯的笔迹。尽管没有任何证据证明德雷福斯有罪，他还是被迫在人群面前进行了一场耻辱的"革职"仪式，然后因从事间谍活动罪被送往魔鬼岛（法属圭亚那的一个小岛）终身监禁。几年后，乔治·皮卡尔（Georges Picquart）上校发现德雷福斯的信实际上是伪造的，真正犯罪的是一位名叫费迪南德·埃斯特哈齐（Ferdinand Esterhazy）的上尉，然而，军队并没有接受证据，承认错误并监禁埃斯特哈齐，反而监禁了皮卡尔。

德雷福斯事件在社会各个层面分裂了巴黎，并将许多反犹太主义者暴露了出来，媒体随后就法国是天主教国家还是建立在所有公民平等权利基础上的共和国展开了激烈辩论。主张平等权利的众多知识分子之一是埃米尔·左拉。左拉在乔治·克里孟梭的《震旦报》（L'Aurore）上发表了一封著名的公开信《我控诉！》（J'Accuse），抨击反犹太主义和对德雷福斯的闹剧审判。为此，左拉收到了一系列死亡威胁，他被迫逃离法国前往英国，以避免因诽谤罪而入狱。

《我控诉！》

埃米尔·左拉著名的《我控诉！》指责军队掩盖了对阿尔弗雷德·德雷福斯的定罪，这导致了左拉自己的被判诽谤，最终以3000法郎的罚款和一年的监禁告终。德雷福斯本人直到1906年才被平反。

"德雷福斯事件揭示了可怕的现实，我们被这个不幸的人类，这个'肮脏的犹太人'的牺牲所震惊。啊，多么愚蠢的乌合之众，多么荒谬的幻想，多么腐败的警察策略，多么严苛专横的做法！以国家安全为托词，几位上级的心血来潮就能践踏国家，扼杀人民对真理和正义的呼声……对公众撒谎是犯罪；为最卑鄙的致命阴谋将公众舆论扭曲到疯狂的程度是犯罪；诉诸可恶的反犹太主义以毒化温顺谦逊者的思想、煽动反动主义和狭隘是犯罪，反犹太主义如果不受约束就会破坏热爱自由的人权法国；利用爱国主义为仇恨服务是犯罪；最后，所有科学都在努力实现即将到来的真理和正义时代，将剑作为现代的神是犯罪。"（埃米尔·左拉，《我控诉！》，亚历山大·格鲁译）

右图：左拉的《我控诉！》引起了公众对德雷福斯事件的广泛反应，并导致他因诽谤罪被批捕。

1885年左派伟大英雄维克多·雨果的葬礼。除了盛况和仪式之外，还有醉酒和放荡：据报道，妓女们以雨果的名义免费工作。

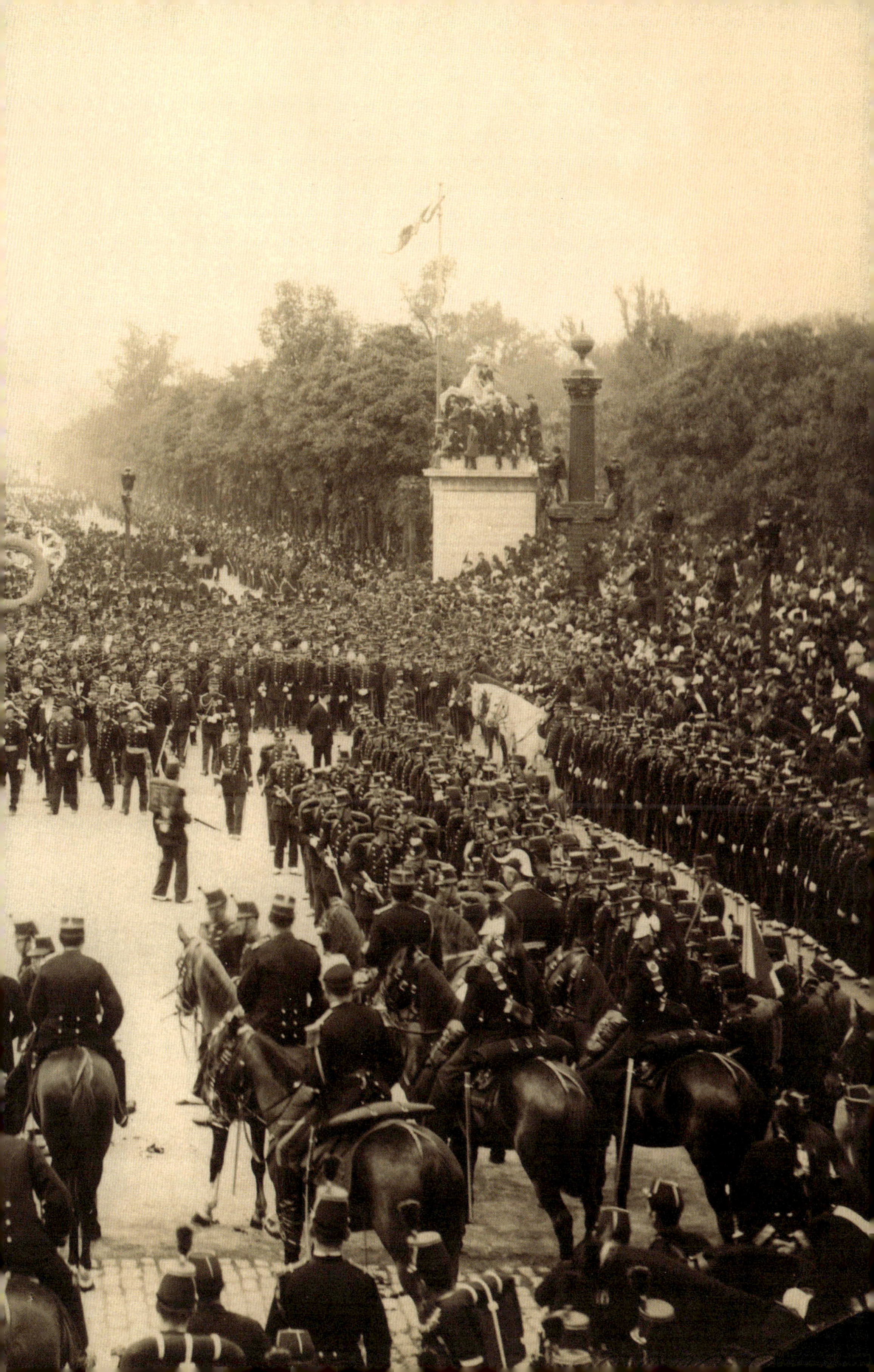

无政府主义者的攻击

德雷福斯事件不仅暴露了巴黎社会根深蒂固的种族主义，也暴露了政府继续凌驾于法律之上并恐吓其公民的权力。对穷人抗议的残酷镇压强烈地证明了这一点。19世纪后期，新的保守派共和主义者在国民议会中占多数，当他们命令警察对罢工工人进行暴力报复时，他们对社会主义的仇恨暴露无遗。

对于巴黎无产阶级来说，"美好年代"是资产阶级的事，似乎与城市的穷人毫无关系，他们的生活一如既往地艰难。因此，当资产阶级沉浸在河畔氛围和香槟夜生活中时，无产阶级却沸腾起来。

与此同时，议会的保守派成员害怕另一个"公社"会因无产阶级日益增长的不满而突然崛起。当一名无政府主义者炸了一名法官和一名检察官的家时，他们的担忧似乎得到了证实。两人都参与了对一群五一节游行示威者的严厉判刑，在骑警向人群冲锋后，示威以暴力事件告终。扔炸弹的无政府主义者被送上断头台，但当时许多巴黎无产阶级认为他是英雄烈士。

下图：图中，巴黎报纸《小日报》(Le Petit Journal)的插图显示无政府主义者在帕维永达梅诺维尔（Pavillon d'Armenonville）挑起一场战斗。

不久之后，另一枚炸弹被送到了一家矿业公司办公室，这家公司的工人正在罢工，可疑包裹在接受检查时爆炸，造成五名警察死亡。无政府主义者成了席

卷巴黎的新恐怖分子，他们看似随意的暴力行为旨在摧毁资本主义和社会秩序，并建立新的自治公社取代它们。

当一位名叫奥古斯特·瓦扬（Auguste Vaillant）的年轻无政府主义者向国民议会众议院投掷的一枚炸弹炸伤了几名政客时，紧张情绪很快变成了恐惧。瓦扬走向断头台时大喊"资产阶级社会去死！无政府状态万岁！"这个令人难忘的殉道不仅引起了心怀不满的巴黎无产阶级的共鸣，也引起了憎恨政府的各种极右翼成员的共鸣，包括保守的天主教徒、反犹太主义者和保皇党。左派也有自己的同情

上图：《小日报》1892年的一幅插图显示了一名警察在一次无政府主义爆炸事件中惨死。

者：诗人斯特凡·马拉美（Stéphane Mallarmé）和艺术家卡米耶·毕沙罗（Camille Pissarro）都被无政府主义理论所吸引，认为无政府状态是为无权者发声。

为了应对恐怖事件，警方寻求新的方式来阻止无政府主义者。一项禁止印刷无政府主义学说的法律被通过，所有"作恶者协会"都被定为非法。当警察间谍拼命地试图渗透到贝尔维尔（Belleville）和梅尼蒙当（Ménilmontant）（贫困的无产阶级社区）周围著名的无政府主义聚集地时，又一连串的炸弹袭击震惊了这座城市。

第一颗炸弹在圣拉扎尔火车站附近广受欢迎的终点站咖啡餐馆爆炸，造成一人死亡，20人受伤；另一个在圣雅克路爆炸，造成一名行人死亡；第三颗炸弹

Le Petit Journal

TOUS LES JOURS
Le Petit Journal
5 Centimes

SUPPLÉMENT ILLUSTRÉ
Huit pages : CINQ centimes

TOUS LES VENDREDI
Le Supplément illu
5 Centimes

roisième Année — SAMEDI 19 NOVEMBRE 1892 — Nu

图中，《小日报》报道了在圣拉扎尔火车站爆炸事件后无政府主义者埃米尔·亨利被捕的情况。亨利因杀害无辜者被送上断头台。

在一名无政府主义者进入马德莱娜教堂时意外在他的口袋里爆炸；第四颗炸弹使 Foyot 餐厅的一位顾客失明。

埃米尔·亨利（Émile Henry）被指控同时对终点站咖啡餐馆和矿业公司的爆炸事件负责。埃米尔·亨利在因杀害无辜者被送往断头台后，他告诉法官"没有无辜的资产阶级"。亨利无疑是受到最著名的无政府主义者弗朗索瓦·克劳迪乌斯·科尼格斯坦（François Claudius Koenigstein）——通常被称为拉瓦肖尔（Ravachol）——引爆炸弹的启发，拉瓦肖尔是一名街头斗士，在巴黎公社被镇压后参与了无政府主

《拉瓦肖尔》

19 世纪 90 年代巴黎无产阶级郊区的流行歌曲《拉瓦肖尔》(*La Ravachole*) 与歌曲《卡马尼奥拉》(*La Carmagnole*) 的曲调一致：

"在巴黎这个伟大的城市，
有吃得饱的资产阶级，
有穷人，
他们肚子空空：
前者贪婪，
爆炸声万岁，爆炸声万岁，
前者贪婪，
爆炸声万岁！…
我们要炸毁所有资产阶级，
我们要炸毁他们！
有背叛我们的地方官，
有大肚子的金融家，
有警察，
但对于所有这些恶棍，
有炸药，
爆炸声万岁，爆炸声万岁！"
（《拉瓦肖尔》，米切尔·阿比多译）

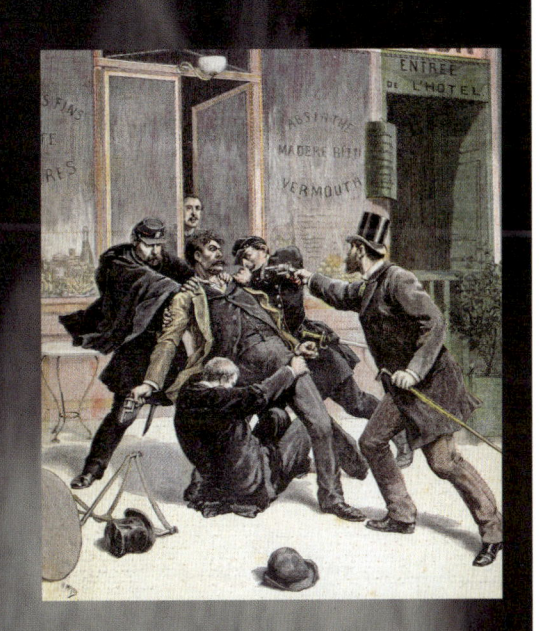

上图：埃米尔·亨利告诉法官："没有无辜的资产阶级。"

1900年世界博览会期间的埃菲尔铁塔。1889年为世博会而建造的塔楼让巴黎人既惊讶又愤怒。

义运动。拉瓦肖尔的传说也许比这个人本身更重要：他对五人的死亡和几名地方法官的谋杀未遂负有责任，但这位无政府主义者的名字启发了一首歌和一个新动词：ravacholer（消灭敌人）。

最后，无政府主义的威胁在19世纪90年代后期消失了，议会终于可以再次喘息，它试图用民族主义和娱乐消除分裂共和国的想法，于是举办了一个庆祝法国伟大文化和工业成就的博览会。这是一场赌博，1889年为世界博览会建造了埃菲尔铁塔，令巴黎人既惊讶又愤怒，这座纪念碑被当地艺术家和知识分子批评为"栓剂"和"金属芦笋"，这座塔为了纪念法国大革命一百周年而建，原本只是一个短期建筑，预期寿命20年，但人们在1900年的世博会上对这座塔的态度发生了变化，因为此时公民自豪感高涨，巴黎人开始将他们的城市视为世界文化中心。

> "巴黎人开始将他们的城市视为世界文化中心。"

议会有充分的理由翻开新的一页，将19世纪抛在脑后。展品中还有很多值得骄傲的东西，包括柴油发动机、自动扶梯和有声电影。其中一座宏伟的玻璃和铁艺展览馆甚至被5000多个小电灯泡照亮，这是一个令人叹为观止的夜间景点。电力照明改变了这座城市，为安逸和消费主义的乐趣带来了神奇的新光芒。迷人的景点包括蓬马歇百货公司和各种时装店，荣军院的百代电影院，巴黎地铁，数量激增的城市林荫大道沿线的咖啡馆和餐馆，以及华丽、有教养和下流的夜生活，从轻歌剧到红磨坊歌厅的康康舞，应有尽有。甚至还有一条新的城市下水道，这是一个工程奇迹，也是一个旅游景点。

在表面的乐观情绪下，犯罪和卖淫的肮脏黑社会以蒙马特和贝尔维尔为中心，并蔓延到被称为郊区的新的边远贫民窟。郊区通常是移民和无产阶级穷人的领地，他们由于租金上涨而被迫离开主城区，这些郊区成为在中心城区盛行了几个世纪的贫困和不满情绪的温床。被称为阿帕奇人（Apaches）的街头暴力帮派戴着红围巾，携带刀具，将他们的挫败感发泄在资产阶级的弱势成员身上。

武装着"阿帕奇左轮手枪"———一种装有弹簧折刀和折叠式黄铜指节套的手枪——的阿帕奇人在20世纪初期成为巴黎街头的祸害，一个阿帕奇人会从前面抓住受害者，而另一个从后面绞死他们。更可怕的是，阿帕奇人似乎一心想在远离自己社区的巴黎富裕中心实施罪行。

巴黎阿帕奇人

1905年《国家警察公报》(National Police Gazette)的这篇匿名文章总结了公众对首都阿帕奇人的情感：

"在巴黎这座由警察严密监管的模范城市，有些街道比世界上任何城市的街道都更不安全，那是因为大胆的巴黎暴徒。十五年前，巴黎暴徒的歌曲对公众来说非常新鲜，所以它们一炮而红，它们描述了当时不为人知的'古怪'区的底层生活，几乎没有警戒的防御工事和其外的郊区，对巴黎人来说，这一切都非凡而遥远。今天，暴徒已经来到了首都的中心……巴士底广场是他们与警察之间前所未有的名副其实的激战现场。在罗盖特街，大约有二十名暴徒拿着刀和手枪战斗——两个帮派，一个对另一个。受惊的店主叫来的八名警察试图将他们分开。

"接下来发生的事一如既往。暴徒们立刻忘记了他们的帮派差异，转而一起反对这些'特工'，他们的无礼行为可以从一条实在太人性化的警察条例中得到解释：尽管暴徒可以自由使用刀具和手枪，但警察只有在最后一刻才能拔出左轮手枪和刺刀……整整一个小时，巴黎市中心的巴士底广场是个血腥的战场，流血的主要是警察。阿帕奇人从十几家酒吧中得到了增援，这些暴徒喜欢这样称呼自己，于是这个名字就被保留了下来……最初的八名警察中有六人最终被抬到圣安托万医院，他们身上某处都有子弹。如果没有下班的警察、便衣、探长、士兵和消防员前来救援，这场战斗就会以暴徒的胜利而告终。逃跑的帮派将九名受伤的阿帕奇人留在原地。"(《国家警察公报》，1905年10月21日)

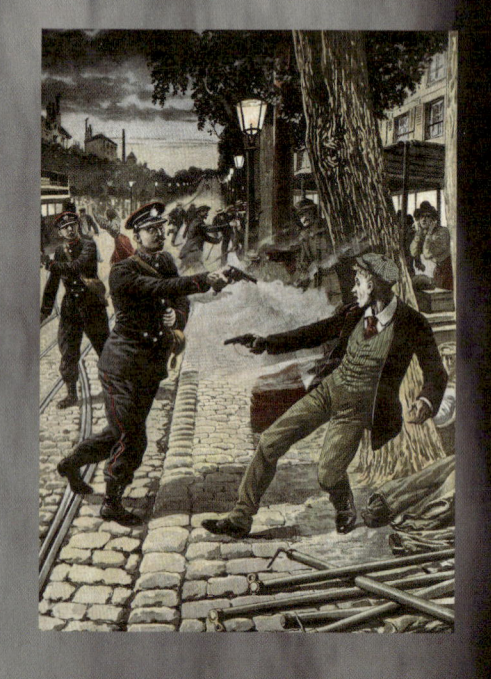

右图：一名警察在市中心发生的暴力事件中向一名阿帕奇人开枪。

敌对的阿帕奇人之间的街头斗殴预示着 21 世纪，现代郊区心怀不满的年轻人之间进行的类似袭击。然而，在 20 世纪初期的阿帕奇时代，郊区开始与所谓的第二次工业革命联系在一起，这主要是由巴黎蓬勃发展的汽车工业带来的。

这导致了产业工人技能组合的转变，那些参与了法国第一次工业革命纺织繁荣的人被与机械化生产相关的工厂工人生手所取代。随着汽车、钢铁和化学工业在市郊以外建立工厂，这些地区的无产阶级人数不断增加。记者奥克塔夫·米尔博（Octave Mirbeau）曾说这些郊区缺乏身份认同："（它）不再是城市，但也不是乡村。没有什么在这里结束，也没有什么在这里开始。"其他人沮丧地注意到巴黎建筑的辉煌与为穷人建造的灰色的没有灵魂的公寓楼之间的强烈对比。

上图：阿帕奇左轮手枪，一种可以轻松藏在口袋里的三合一武器。为了防止隐藏时走火，枪膛经常是空的。这把手枪近距离射击时是致命的。

分裂的首都

阿帕奇人的崛起象征着巴黎内部日益扩大的政治分歧。在许多方面，这座城市正在回归"他们"和"我们"的政策，"他们"不仅是法国无产阶级，还包括移民、犹太人和其他外国人，这是当时整个欧洲发生的更广泛趋势的征兆。与 19 世纪后期的所有欧洲大国一样，法国也卷入了欧洲对非洲殖民地的争夺中。殖民大国声称他们的先进技术是更高智能的产物。

欧洲种族优越观念在 1889 年的世博会上就已显现，在那里，穿着鲜艳的非洲酋长和部落居民展现出了欧洲人对"黑暗大陆"的好奇心；类似的主题也出现在 1900 年的世博会中，美国律师托马斯·卡洛韦（Thomas Calloway）组织了一场名为"非洲裔美国黑人展览"的社会学展览，他解释说这将"为说服有思想的人在相信黑人可能性方面做出巨大而持久的贡献"。与此同时，法国对阿尔及利亚土著

上图：右翼政治家的插图。保罗·德鲁莱德（Paul Déroulède）在巴黎街头煽动民族主义情绪。

人民的暴行似乎与 100 多年前法国革命者所宣称的"人生而自由、权利平等"的观念相矛盾。

在巴黎的学校里，学生们学习最新的欧洲科学研究，声称黑人不如白人。巴黎可以吹嘘获得诺贝尔奖的科学家皮埃尔·居里（Pierre Curie）和他的波兰妻子玛丽（Marie，即居里夫人），但这座城市对外国人普遍不信任，这一部分与席卷欧洲大陆的民族主义有关，而且不仅限于法国：例如，奥托·冯·俾斯麦就在普法战争期间为吞并阿尔萨斯-洛林辩护，理由是那里的居民"从种族上来说"是德国人。然而，在巴黎，舆论并不全是一边倒的。德雷福斯事件显示了巴黎社会的分裂程度，以及其偏见的根深蒂固。意见分歧在 1898 年的选举中表现出来，这次选举产生了一个由 80 名保皇主义者、74 名激进社会主义者、254 名温和共和主义者、57 名社会主义者、15 名民族主义者和 4 名著名的反犹分子组成的政府。巴黎人和法国人的国家认同问题也越来越多地与教会的棘手角色有关。

在达尔文主义和社会主义不可知论①越来越多的攻击下，天主教会在德雷福斯事件期间一直冷眼旁观。"圣母升天会"的新报纸《十字架报》（*La Croix*）支持了天主教的观点，该报纸公然反对为德雷福斯辩护的社会主义者和反教权主义的共和主义者。与受过耶稣会教育的保皇党和军队高级成员一起，天主教徒宣扬了法

---

① 二者均反对基督教神学上帝创世说，从而动摇教会根基。

国"种族"的民族主义观点,反对所有人都代表人类的共和主义观念。

这种新的右翼民族主义产生了影响,但共和主义者在政府中占有一席之地。为了应对由民族主义政治家保罗·德鲁莱德领导的政变,共和主义者创建了激进社会党和让·饶勒斯(Jean Jaurès)领导的法国社会党,组成了一个左翼政府。它的第一个命令是禁止《十字架报》和"圣母升天会"的命令,并开始政教分离。

从那时起,国家将不再为任何教派支付教会工资,也不允许教会在教育方面发挥任何作用,但信教自由被写入了法律。因此,在毁灭性的宗教战争近五个世纪后,以及法国大革命来了又去一个多世纪后,新的共和政府将法国变成了一个世俗国家。

第一次世界大战

对许多巴黎人来说,第一次世界大战的到来令人震惊,尽管欧洲超级大国之间的外交关系明显十分紧张。1914年的两次暗杀事件打破了平衡,并提醒巴黎注意即将到来的危险。第一次是塞尔维亚无政府主义者加夫里洛·普林西普(Gavrilo Princip)在萨拉热窝刺杀奥匈帝国弗朗茨·斐迪南(Franz Ferdinand)大公,这一事件成为欧洲军队动员的开始。奥匈帝国及其盟友德国对塞尔维亚宣战,塞尔维亚的传统捍卫者俄国及其盟

"对许多巴黎人来说,第一次世界大战的到来令人震惊。"

下图:社会主义领袖让·饶勒斯被民族主义狂热分子暗杀后的葬礼。饶勒斯的法德和解政策使他成为令法国民族主义者讨厌的人物。

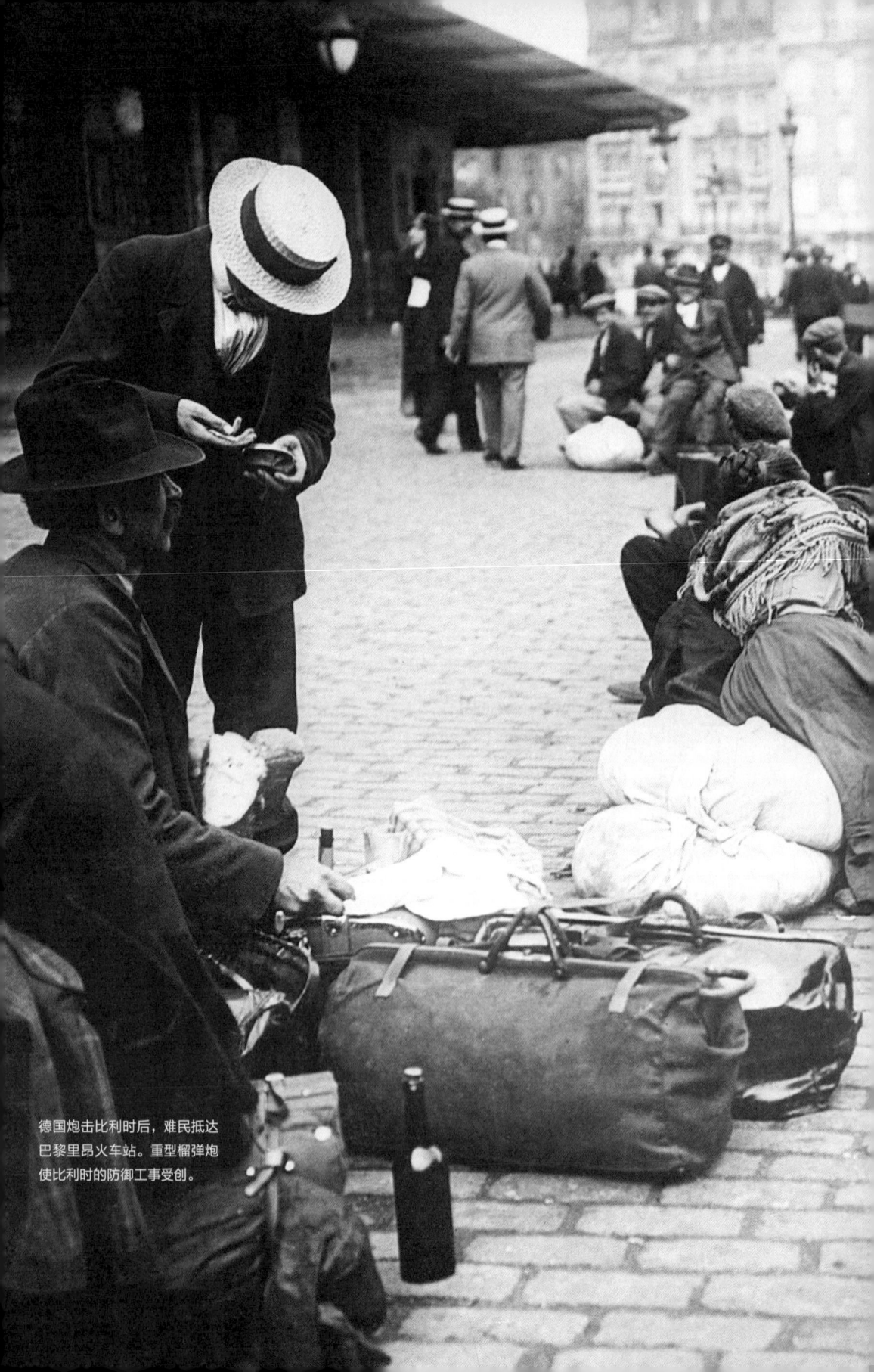

德国炮击比利时后，难民抵达巴黎里昂火车站。重型榴弹炮使比利时的防御工事受创。

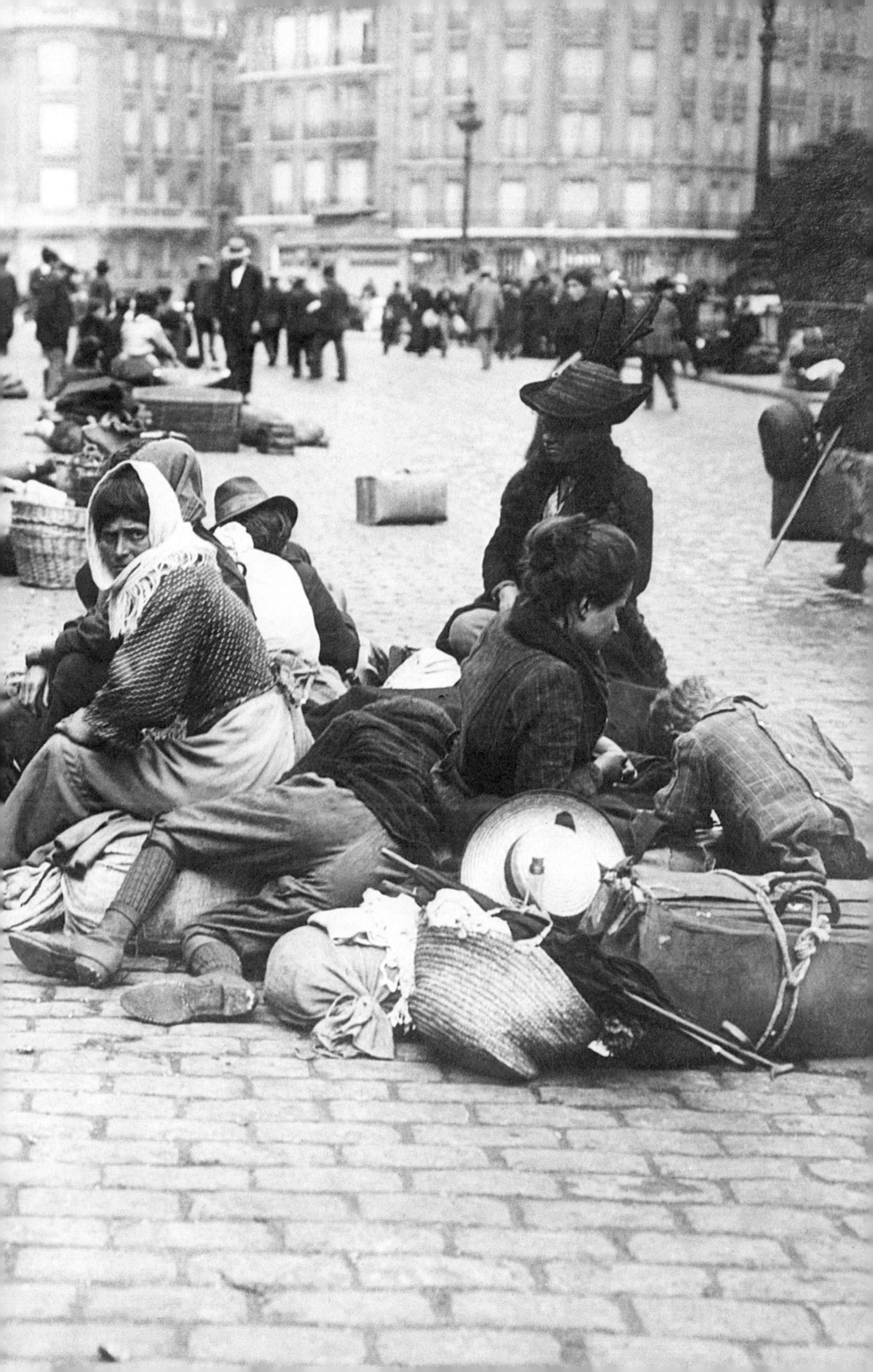

友法国和英国随后向奥匈帝国宣战。

第二次被暗杀的是社会主义领袖让·饶勒斯，他曾恳求众议院不要盲目地跟随俄国与德国发生冲突。"我们是要发动世界大战吗？"饶勒斯问他的议会，就是这句话，注定了他的命运。1914年7月31日，饶勒斯在新月咖啡馆用餐时，一名年轻的民族主义狂热分子从背后向他开枪，这反过来又让巴黎剑拔弩张的民族主义者填补了饶勒斯留下的空白。但对任何一方来说都为时已晚。战争已经到来。

当奥匈帝国入侵塞尔维亚时，巴黎苏醒了，顿时战火席卷全城。巴黎男性开始大量参军，包括70岁的作家阿纳托尔·法朗士（Anatole France）和其他不适合服役的人；用德语书写的商店招牌遭到破坏；数百名市民蜂拥而至，观看其士兵从巴黎北站出发。空气中回荡着军曲的声音：光明之城的男人们出发去粉碎德国佬，为共和国夺回阿尔萨斯-洛林。报纸预言他们会速战速决：军队将及时赶回过圣诞节。

撤退公告

1914年9月3日，巴黎公众收到了两份公告。第一份来自政府：

"为了维护国家福祉，公共权力应暂时离开巴黎市。在一位杰出首领的指挥下，一支充满勇气和热情的法国军队将保卫首都及其爱国人民免受侵害……应军事当局的要求，政府暂时将其总部转移到另一地点，以便与国家整体保持联系……它知道不需要要求巴黎民众保持平静、决心和冷静，因为他们每天都如此，令人钦佩，这与他们的最高传统相符。"

第二份约瑟夫-西蒙·加利埃尼发表的公告的语气却不太鼓舞人心：

"巴黎军队，巴黎居民，共和国政府成员离开巴黎，为国防注入新动力。我被委以保卫巴黎免受入侵的任务。

我会将这个任务执行到底。

　　　　　加利埃尼，巴黎陆军司令"

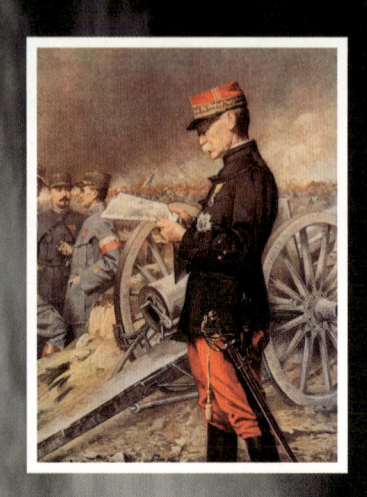

上图：约瑟夫-西蒙·加利埃尼退休后再度被征召，成为巴黎陆军司令。

城市几乎变得空无一人后，兴奋的情绪和挥舞的旗帜慢慢消失了。剧院、商店和咖啡馆于晚上 8 点关闭，官方灯火管制生效后，光明之城变成了黑暗之城。现在投掷炸弹的除了齐柏林飞艇外，还有已知的第一架轰炸机，这些炸弹对城市的伤害是微乎其微的，但从天而降的死亡带来的心理伤害却是巨大的。那些伤亡的真实消息——在袭击中两人被杀，19 人受伤——被永久禁止。然而，德国飞机提供了他们自己的消息，例如投下宣布法国军队失败的传单。

在前线，法国军队发现自己被困在拿破仑战争和现代战争之间。似乎有一种观念认为，法国军队的高昂士气和精神本身就足以削弱与之匹敌的德国军队的威力。但他们装备严重不足。例如，在武器装备方面，法国只有 310 门重炮，而德国则有 3600 门。法国高层在几年前驳回了引进机枪的想法，但这种武器在战争刚开始的战役中就能摧毁他们的部队。就连法军的制服也来自过去的时代：亮蓝色的凯皮帽、夹克和红色的裤子让法国军队在穿着灰色制服的现代德国士兵面前成了活靶子。战争的方法也发生了变化，一排排法国士兵和骑兵军官高高举起手中的

上图：大伯莎是有史以来建造的最大的炮，也是迅速摧毁比利时防御的秘密。

剑，胸甲在阳光下闪闪发光，冲向 1.6 千米（1 英里）处的德军防线，然后，德国机枪将他们集体扫射。

还有另一种可怕的德国新武器的报道，它被描述为有史以来最强大的炮。战前多年来秘密设计的克虏伯大伯莎（Big Bertha）重型榴弹炮可以发射 800 千克（1760 磅）重的炮弹，射程惊人，能达到 13 千米（8 英里），每枚炮弹还安装了延时引信，将爆炸延迟到进入敌方堡垒为止。要 36 匹马才能拖动大伯莎；其中两门炮摧毁了部分比利时边境据说坚不可摧的堡垒。随着比利时的防御工事被摧毁，德国人以惊人的速度向法国推进。

上图：图中，巴黎人出来观看德国飞机在这座城市投掷炸弹。当时的飞机还是个新鲜事物。

涌入巴黎的比利时难民将战争的现实带入首都，大伯莎加剧了城内的恐怖。一架德国飞机在圣马丁运河上用炸弹炸死了两人，并散布传单，上面写着"除了投降，你们无能为力"。然后，突然之间，德国骑兵出现在城市郊区。

巴黎陷入了恐慌。已经退休的资深指挥官约瑟夫－西蒙·加利埃尼被再次征召以保护这座城市，他对巴黎的前景认识非常客观。私下里，他告诉政府，巴黎不能与德国人抗衡，政府应该立即带着法兰西银行的黄金储备离开首都。当他们执行这个建议时，战争部长亚历山大·米勒兰（Alexandre Millerand）向加利埃尼简洁地说，他希望首都能得到"誓死"保护。这意味着摧毁这座城市的建筑物和桥梁，并保卫其到最后一人死亡。加利埃尼后来记录说，他知道自己是被留下来等死的。

即将离任的政府试图增强巴黎人的信心，它表示"政府只有在尽其所能确保城市和牢固的阵营得到防御后才离开巴黎"。没有什么比这更离谱的了，巴黎毫无保护，政府和加利埃尼都知道。阿道夫·梯也尔建造的防御工事年久失修，巴黎难民如此之多，如果被围城，那么巴黎的粮食供应无法熬过三周。更糟糕的是，甚至没有一支军队来保卫首都。加利埃尼坚持认为他需要三个新师才能有机会抵挡德军的围攻，但总司令约瑟夫·霞飞派出的那些反而是从前线送回的混乱而疲惫的残余部队。

这座城市陷入了歇斯底里，可以离开的人惊慌失措地离开，不能离开的人绝望地囤粮。大量的羊和牛被带入了这座城市，因为许多人还记得 1870 年德国围攻时的"老鼠派"；还爆发了暴力事件，因为有口音的难民被指控为德国间谍；在巴黎圣母院和埃菲尔铁塔等重要建筑周围建起机枪工事；树木被移除，以便为城市的 3000 门小型火炮提供清晰的火线，并准备好在城市防御失败时立即爆破桥梁。人们士气低落，许多人向阿提拉城的救世主圣热纳维耶芙祈祷，再次恳求她让他们免受德军的侵扰。

"米勒兰简洁地解释说，他希望首都能得到誓死保护。"

马恩河奇迹

如果圣热纳维耶芙确实提供了神圣的帮助，也许它就是所谓的"马恩河奇迹"，这是在一名德国军官尸体上发现的血迹斑斑的地图，详细说明了德国的进攻计划。地图显示德军无意直接入侵巴黎，而是先到城南，然后向东移动攻击驻扎在瑞士边境的法军。至关重要的是，这将使德军的整个侧翼暴露在巴黎东北部：加利埃尼决

下图：加利埃尼征用了 600 辆雷诺出租车将他的手下运送到马恩河。1914 年之后，这种出租车被普遍称为"马恩出租车"。在这支队伍后面可以看到两辆这种出租车。

定在这里全力进攻。

他的问题在于补给：他无法让他的手下到达马恩河以南的德军那里。然后他想出了一个巧妙的解决方案：用出租车运送他的部队。就这样，首都的600辆出租车被用来运送巴黎的保护者，五人一车前往马恩河的支流乌尔克河，在马恩河战役中战斗。对于许多士兵来说，前往马恩河60千米（37英里）的路程是他们第一次乘坐汽车，而且并不便宜：每次往返马恩河，出租车公司都向政府收取全额费用，约为7万法郎。据说看到将6000多名士兵运送到前线的红色雷诺出租车时，加利埃尼留下了一句名言："好吧，至少这里有些不同寻常的东西！"

加利埃尼的努力，与霞飞的部队和英国远征军的部队相结合，造成德国大撤退，扭转了战争的早期局势。然而，这也付出了巨大代价：在25万名伤亡的法国人中，有8万人被杀，德国人也报告了类似的伤亡。马恩河战役挫败了德国人迅速取得决定性胜利的希望；这也是西方战线（从英吉利海峡一直延伸到瑞士）长达四年阴冷而血腥的堑壕战的开始。整个巴黎都处于战争状态。

日常生活

在马恩河战役后，巴黎平静下来，当地人的生活似乎又恢复了正常。剧院重新开放，音乐会举办起来，舞蹈、音乐和咖啡馆文化再次成为首都生活的支柱。不过有一些限制：羊角面包和奶油蛋卷一度被禁止，当地官员建议每个家庭每周择一天不吃晚餐。

下图：法国士兵从前线回来休假。第一次世界大战期间巴黎成为军事休养中心：这是一个远离恐怖战壕的世界。

玛塔·哈丽

第一次世界大战中最著名的间谍是荷兰妇女玛格丽莎·泽莱（Margaretha Zelle），也就是众所周知的玛塔·哈丽。作为法国实业家爱米尔·吉美（Émile Guimet）的情妇，泽莱是朵交际花，结婚前曾在马戏团担任过艳舞舞者和骑师。她在战争爆发时开始向德国人出售机密，经常前往德国驻马德里大使馆提交报告。法国情报部门截获了马德里大使馆发出的消息，其中提到了一名代号 H-21 的特工，从而得知了泽莱的消息。通过让泽莱了解随后从马德里大使馆传送的虚假军事信息，法国情报部门确认 H-21 就是泽莱。1917 年 10 月 15 日，她被判犯有间谍罪并在文森城堡的护城河被行刑队处决。

右图：在成为战时欧洲最臭名昭著的间谍之一前，玛塔·哈丽以麦克劳德小姐为名作为专业舞者表演。

这与 1870 年的围困相去甚远，巴黎采取了一种相当自得其乐的态度。尽管战争发生在距离城市仅 240 千米（150 英里）的地方，但战斗的唯一真实证据是在恐怖的战壕中得弹震症回来休养的士兵。难民和移民也涌向巴黎，来自包括非洲和东南亚的法国殖民地的移民被征召到军火和坦克工厂工作，这样当地的巴黎人可以前往前线。在大多数情况下，外国人都受到极大的怀疑。

民族主义情绪高涨，德国人被诋毁为"蛮族人""婴儿杀手""性变态"和"食人族"。一方面，间谍活动对巴黎构成了真实和想象的双重威胁，外国人经常被指控为间谍。另一方面，民族主义和战争也对讲法语的巴黎人产生了统一的影响，多年来第一次没有表现出阶级怨恨，但这种团结不会持续太久。

1917 年，一股不满的浪潮席卷了法国。军队在前线遭遇了几次兵变，巴黎人已经厌倦了看似无休止的冲突。也有政治动荡，因为生活成本上升，巴黎工人要求补偿。5 月，服装女工爆发罢工，麻烦随后波及银行、饭店、工厂等行业，大多数情况下，工人获得更多工资的要求得到了批准，但一些罢工领导人因阻碍战事而被判入狱。

资深政治家乔治·克里孟梭以平息紧张局势和结束战争的政纲当选为首相。巴黎再次成为德军空袭的目标。俄国人为了国内革命而退出战争，现在德国可以自由地将所有注意力集中在西方战线。1918年1月，德意志帝国陆军航空兵派出4支全新的戈塔（Gotha）轰炸机中队，在巴黎郊区投放了200多枚炮弹。

袭击持续到整个3月结束，巴黎人在该市的地下地铁站寻求庇护。但这里也发生了破坏，约60名巴黎人在试图进入拥挤的玻利瓦尔站时被压死。

上图：图中展示了德意志帝国陆军航空兵的新型戈塔轰炸机造成的破坏。在通常用齐柏林飞艇投掷飞弹的时候，这些飞机是个军事奇迹。

巴黎炮

德国人还没有放出他们最可怕的武器，一门专为摧毁巴黎而设计的远程大炮，就叫巴黎炮。与大伯莎的制造商相同，巴黎炮也由克虏伯公司设计，可以从34米（111英尺）长的炮筒中发射一吨重的炮弹，射程130千米（81英里），射高42千米（26英里），这是纳粹V2火箭发明之前炮弹能达到的最大高度。巴黎炮重达230多吨，只能沿铁路轨道移动，最初安装在距离巴黎约112千米（70英里）的库西森林中。

巴黎人报告说，在为期 140 天的炮击开始时他们感到惊讶。没有齐柏林飞艇或飞机飞过头顶，炮弹就好像凭空出现的。第一颗夺命的炮弹落在了塞纳河畔，造成 8 人死亡，另有 12 人受伤。然而，德国人几乎无法控制巴黎炮会击中什么。它几乎总是瞄准卢浮宫，但没有一颗炮弹击中这个目标，但当它真的击中一座建筑物时，它的破坏力是显而易见的。一个致命的星期天，一颗炮弹在弥撒时落在圣热尔维（Saint-Gervais）教堂，造成 75 人死亡。巴黎炮不足以改变德国在战争中的命运。英军在他们的新盟友美国人的支持下，终于在 1918 年 8 月上旬突破了德军防线。到 10 月，德军几乎全军覆没。11 月 11 日，第一次世界大战结束。

停战后的几天里，巴黎呈现出节日气氛，但随着时间的推移和反思，很少有人能够庆祝战争的后果。当士兵们从战壕中返回时，他们又瘦又邋遢，许多人在为 1900 年世博会建造的建筑物中疗养。曾经，这些玻璃和铁制建筑的数千盏电灯让世界叹为观止，是现代工业的伟大成就之一；现在，世博会建筑被战争的尘土和污垢所覆盖，曾经骄傲的巴黎人躺在里面的担架上，遍体鳞伤。超过 140 万法国人丧生，这是此前历史上任何一个国家在冲突中丧生的最大人数。然后，仿佛在嘲笑战争死难的人数，1918 年西班牙流感在一周内夺走了近 1800 名巴黎人的生命。

无法想象 1914 年到 1918 年的四年会重演。当然，它们只是即将到来的更具破坏性冲突的前奏，这场战争将暴露欧洲和平的脆弱以及其领导人无法阻止侵略者的无能。第二次世界大战将揭示巴黎人民最坏和最好的一面，给光明之城投下长长的阴影，这场全球性屠杀扼杀了"美好年代"的梦想和承诺。

上图：两名男子敦促巴黎人戴上口罩以预防致命的西班牙流感，该流感在 1918 年第一次世界大战结束后席卷了首都。

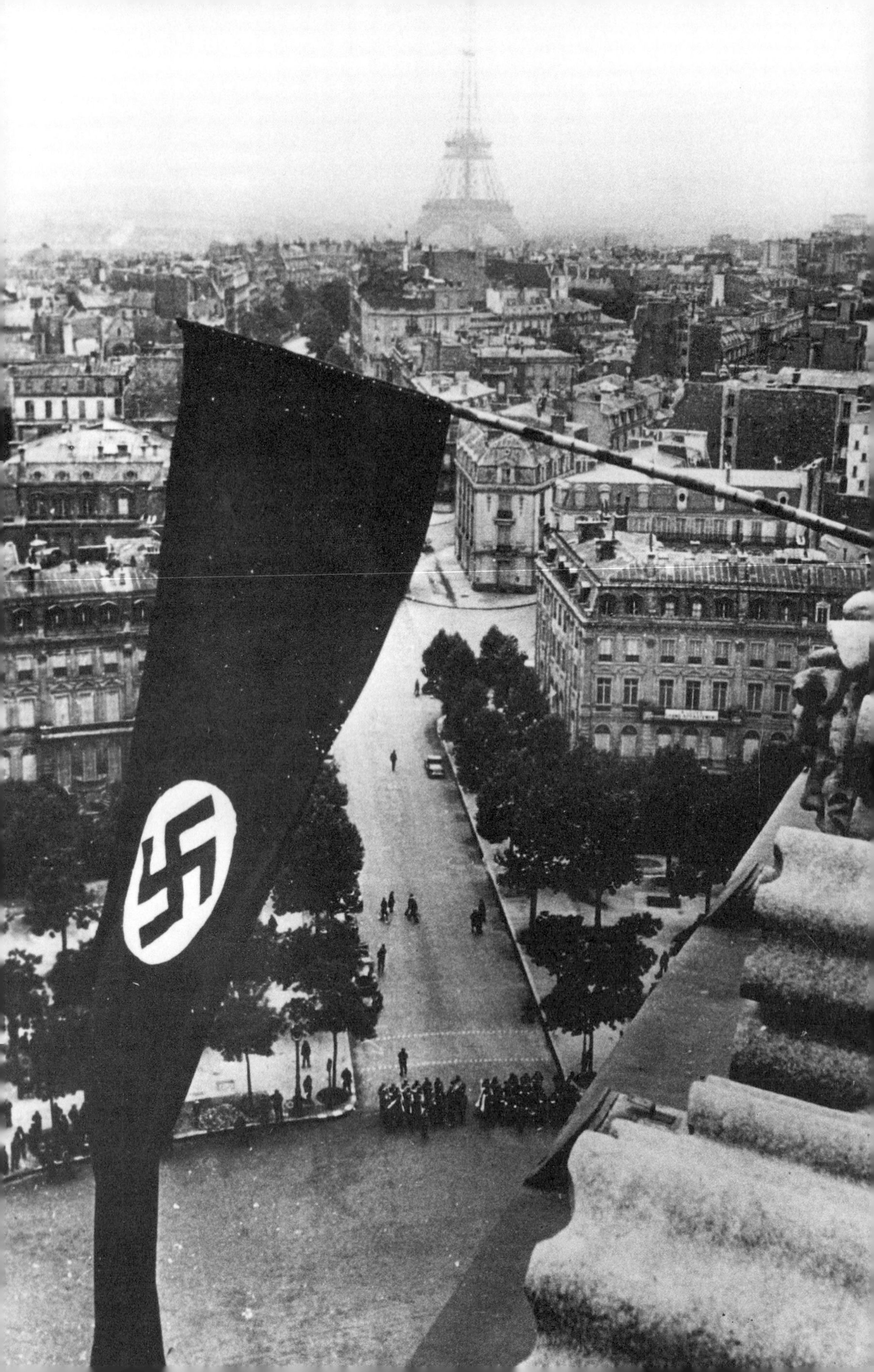

7

战争与和平

巴黎从战火中走出来，伤痕累累，四分五裂。随着仇外心理和反犹太主义浮出水面，这座城市自由、平等和博爱的革命理想将经受最严峻的考验。与此同时，法国的敌人集结了军队，这一次，没有人会保护巴黎免受德国的威胁。

对页图：1940年6月14日，法国首都成为第三帝国城市的第一天。七天后，希特勒对巴黎进行了他的唯一一次访问。

20 世纪 20 年代和 30 年代的巴黎深陷对外国人的恐惧中。逃离墨索里尼（Mussolini）法西斯政权的俄国人、波兰人、亚美尼亚人、北非人和意大利人都在 20 世纪 20 年代定居在巴黎，来自许多不同国家的犹太人也是如此。这是重建巴黎的必要组成部分：这座城市在战争中失去了数以万计的人口，新涌入的外国人填补了这一空白。战前，外国人仅占首都人口的 5%，到 1930 年，这一比例为 9.2%，许多巴黎人认为这是入侵。

外国人被称为"外国佬"（métèques），民族主义诗人夏尔·莫拉斯（Charles Maurras）在德雷福斯事件期间首次使用这一对移民的贬义词。在 20 世纪 30 年代外国佬被认为是造成巴黎所有疾病的罪魁祸首：犯罪率上升、失业，甚至是 1929 年华尔街股灾后这座城市的经济崩溃。许多人呼吁"法国人的法国！"（La France aux Français!），针对外国人的暴力行为也屡见不鲜。

反犹太主义也在兴起，甚至在那些阐述 1789 年革命美德的左翼人士中也是如此。共产主义报纸《人道报》（*L'Humanité*）迅速表达了法国无产阶级的普遍观点，即犹太移民应该对 20 世纪 20 年代袭击该市的霍乱负责，其他人则认为所有犹太人都是资本主义放债人，巴黎人经常讨论"犹太人问题"。

从 1933 年开始，涌入巴黎的犹太人开始增加，当时人们开始从德国逃离希特勒政权。随着人数不断增加，巴黎的反犹太主义兴起，有报道称，还有年轻人高喊希特勒的名字并举起手行纳粹礼，对犹太人进行暴力袭击。小说家保罗·莫朗（Paul Morand）在某周刊上写道，巴黎正在变成新的锡安（Zion，指

上图：巴黎犹太区，1939 年。一年后，纳粹占领者将实施一系列限制巴黎犹太人权利的法律。

耶路撒冷），并称首都的移民为"海盗"和"渣滓"："此时，除我们之外的每个国家都在杀死它的害虫……我们不能让希特勒为自己是唯一承担西方道德复兴责任的人而自豪。"

巴黎政客迅速掀起了种族主义的浪潮，他们警告民众要保护"脆弱的法国"免受外来入侵。然后，在1936年，一场带有德雷福斯事件色彩的新政治丑闻威胁要用暴力推翻政府。

右翼暴动

在巴黎右翼派系中引起轩然大波的丑闻被称为斯塔维斯基事件，据称是政府掩盖了犹太金融家亚历山大·斯塔维斯基（Alexandre Stavisky）的贪污行为。斯塔维斯基被指控向投资者出售毫无价值的债券，但针对他的刑事诉讼被推迟了19次，许多人怀疑他受到他在政府中联系人的保护，其中包括检察官和总理卡米耶·肖当（Camille Chautemps）。他被发现死亡时，据说是自杀，但许多人怀疑他是被谋杀的。肖当政府在几天后就解体了——这是在短短18个月内第五个这样做的政府——取而代之的是由爱德华·达拉第（Édouard Daladier）领导的共和联盟。然而，这还不足以阻止仍然在斯塔维斯基身上肆虐的麻烦。

对于煽动在众议院游行的右翼联盟（ligues）成员来说，斯塔维斯基是一个令人讨厌的"外国佬"，代表着第三共和国核心的腐烂。联盟代表了巴黎右翼的正义核心，他们包括天主教君主主义者"国王报贩"（Camelots du Roi）、反犹太主义组织法兰西运动党（Action Française）、反共产主义的爱国青年团（Jeunesses Patriotes），以及身着黑色贝雷帽和长靴，高喊口号"法国人的法国！"的法兰西团结工会，但最著名的联盟党派是火十字团（Croix de Feu），由弗朗索瓦·德·拉·罗克（François de la Rocque）上校领导，他是墨索里尼的崇拜者，承诺清理腐败的政府。

1936年2月6日，弗朗索瓦·德·拉·罗克率领游行抗议者前往协和广场，在那里他们与武装警察和左翼的敌对抗议者对峙。冲突迅速爆发，有人向人群开枪，骑警开火，三方随后展开了一场持久战。这是自1870年以来暴徒最接近推翻政府的一次，但最终警察得以恢复秩序。4万名抗议者中，16人死亡，600人受伤，1000名警察受伤。

美国入侵

在巴黎人眼中，并非所有外国人都是平等的：20世纪20年代涌入的美国作家、知识分子、音乐家和艺术家就摆脱了巴黎人对其他民族的偏见。法郎贬值使巴黎成为菲茨杰拉德（Fitzgerald）、海明威（Hemingway）、多萝西·帕克（Dorothy Parker）、亨利·米勒（Henry Miller）和科尔·波特（Cole Porter）等美国名人的理想之地。到1927年，估计有2.5万到4万名美国移民在巴黎，他们渴望爵士时代的所有乐趣：葡萄酒、性爱以及蒙帕纳斯和蒙马特的歌舞表演。他们也激发了人们对"黑人音乐"的好奇：非裔美国舞者约瑟芬·贝克（Josephine Baker）穿着暴露，服装由倒着的香蕉制成，并在她的日常表演中攀爬丛林树道具，让观众兴奋不已。来自其他国家的艺术家也加入了这场盛会：胡安·米罗（Joan Miró）、萨尔瓦多·达利（Salvador Dalí）、詹姆斯·乔伊斯（James Joyce）和乔治·奥威尔（George Orwell）都是喧嚣的20年代时巴黎的居民。突然之间，1929年华尔街股市崩盘，大萧条随之而来，不久之后，著名的巴黎移民启航离开：派对结束了。

上图：艳舞舞者约瑟芬·贝克引起了20世纪20年代巴黎人对美国黑人文化的好奇心。

尽管有许多支持者，但右翼未能发起革命。反之，左翼通过社会党的莱昂·布鲁姆（Léon Blum）和共产党的莫里斯·多列士（Maurice Thorez）组建了一个名为"人民阵线"（Front Populaire）的联盟进行反击。在人民阵线成员发动50万人的总罢工后，该联盟在1936年的一场选举中以压倒性胜利上台。随着"人民阵线万岁"（Vive le Front Populair）和"公社万岁"（Vive la Commune）的呼声响起，似乎无产阶级革命终于到来，公社也可以实现了。但这是错觉。在人民阵线的领导下，工人的权利得到了短暂的改善，但不久之后就出现了长时间的罢工，通货膨胀率上升，经济似乎也处于自由落体状态。然后，在1939年，世界永远地改变了。

第二次世界大战

1939年的夏天——法国大革命150周年——并没有什么不寻常的地方。就国内政治而言，人民阵线的人气已经达到顶峰，而法郎仍在稳步贬值；一名德国连环杀手在一群热切的人群面前被送上断头台，这是最后一个在公共场合遭受这种死刑的人；玛格丽特·米切尔（Margaret Mitchell）的《飘》的法语译本在暑假期间

右图: 这张由反犹太主义报纸《言论自由报》（*La Libre Parole*）发布的宣传海报警告了犹太人对法国社会的威胁。该报成立于1892年，在德雷福斯事件后获得了民众的支持。

《大屠杀的琐事》

小说家路易-费迪南·塞利纳（Louis-Ferdinand Céline）是一位暴力的反犹分子，斯塔维斯基事件发生时，他在他的长篇抨击文《大屠杀的琐事》（*Trifles for a Massacre*）中强硬表达了巴黎民众对犹太人的普遍偏见：

"在整个斯塔维斯基事件期间，世界各地的巴黎民众编辑室都收到了一条命令，这是一份正式的委托，每天肯定要付出高昂的代价……那个小小的犹太偏执狂可以被称为土耳其人、背信弃义的外国人、混血儿、东方间谍、波兰冒险家、理发师、牙医、跳伞者、皮条客、梅毒患者、纽芬兰人、被种族灭绝的人……随便什么……为了逃避，为了转移注意力……但绝不是专有名词犹太人……他本来可以是任何人……除了那个……除去犹太人的影响，他永远无法挺过所有的辛劳……犹太人不透露他们的首领……他们在阴影中编织他们的网……他们只展示他们的木偶……他们的艺人，他们的'明星'。犹太人的激情，如此一致，如此阴暗，是白蚁的激情，在这些昆虫的行进中，所有的障碍都被一点一点地削弱、毁坏、重新组合在一起，甚至直到纤维层面……在腐烂的汁液和上颚的最恶臭、最肮脏的糊状物中顽强地坚持……直到最后的灾难，彻底崩溃，进入犹太人的虚空。"（路易-费迪南·塞利纳，《大屠杀的琐事》，玛丽·哈德森译）

上图：在1936年针对斯塔维斯基事件的抗议活动中，右翼示威者在街上游行后放火焚烧了一个售货亭。

及时上架。

1939年9月1日，希特勒入侵波兰。法国和英国在《凡尔赛条约》失败后采取的绥靖战略现在有了可耻的结局：同盟国向德国宣战。在最初的震惊平息之后，巴黎人又回到了他们的日常生活中。1940年的巴黎春天是有记录以来最温暖的春天之一，一股昏昏欲睡的气息笼罩着首都。

仍有一些迹象表明该国处于战争状态：晚上10点宵禁，有无酒精日，糕点店每周只营业三天，据称对守卫马其诺防线的士兵实行定量配给。马其诺防线是一条巨大的混凝土防御工事链，从法国瑞士边境到比利时，通过地下隧道连接。虽然在第一次世界大战中德国人曾通过比利时进入法国，但马其诺防线并没有沿着这条边界建造。这显然是一种外交姿态，目的是避免惹恼中立盟友比利时，但同时也让任何可能与德国发生的战斗都在比利时而不是法国国土上进行。

许多法国军队成员，包括戴高乐上校，都认为这种策略存在缺陷，原因很简单，使用防线的前提是第二次世界大战将在与第一次世界大战相同的战场上进行；也就是说，在长长的对立战壕之间进行消耗战。然而，早在1937年希特勒在对西班牙小镇格尔尼卡进行野蛮轰炸时就表明，他并没有考虑堑壕战。希特勒的战争将是闪电战：他高度机动的军队将由装甲车领导并由纳粹德国空军保护；入侵将是残酷、快速和高效的，并且在同盟国能够发动连贯的报复之前就结束了。

因此，5月，纳粹部队无所畏惧地穿过荷兰和比利时，进入法国。巴黎人做好了准备，他们挖掘战壕、从圣礼拜教堂移除彩色玻璃、对卢浮宫的重要艺术品进行包装和分类，并将其中一些用卡车运往卢瓦尔河谷。然后，在6月，早些时候承诺留在首都并遭到纳粹德国空军数天的轰炸之后，法国政府逃离了巴黎，留下了一个"开放的城市"。没有常备军的保护，巴黎人惊慌失措，城市人口开始大规模外流：人们带着汽车、马、牲畜、手推车、婴儿车以及可以携带或推在他们面前的任何财产排起了长队。当德军6月14日进入该市时，只剩下三分之一的人口。6月17日，法国维希政府新任首脑菲利浦·贝当（Philippe Pétain）通过电台宣布："我今天怀着沉重的心情告诉你们，我们必须停止敌对行动。战斗必须停止。"1940年6月21日，法国与德国签署了停战协议。三天后，希特勒对巴黎进行了他的唯一一次访问。巴黎现在是德国的了。

上图：1939年，法国应征入伍的人聚集在巴黎东站的征兵站，渴望启程参战。

新城市

对巴黎的和平接管令许多人感到震惊的是，这座城市似乎迅速就恢复了日常生活。在占领的最初几周，咖啡馆、剧院和电影院重新营业，马克西姆餐厅等饭店迎来了新顾客，时装店重新营业；可可·香奈儿（Coco Chanel）本人和一名纳粹军官一起住在丽兹酒店。逃离巴黎的难民开始长途跋涉返回这座城市，大部分是在纳粹的要求下。纳粹将这座城市的酒店作为他们的住所，在城市周围竖起德语路牌，并在其最著名的建筑物上悬挂长长的纳粹字符旗。一些巴黎人记录了德国人和首都女性之间发生的"公开亲密接触"。

占领巴黎的纳粹收到希特勒的严格命令，要严守规矩。希特勒的计划是说服他认为懦弱堕落的巴黎人和平地接受他对巴黎的德国化，从而"在多个层面上保持西方的文明奇迹完好无损"。当然，文明是个定义问题，在占领后的几周内，超过500件卢浮宫艺术品被视为不道德而被烧毁，几年前住在这里的胡安·米罗也是作品被毁的艺术家之一。

下图：随着德军逼近，巴黎人涌向蒙帕纳斯站以逃离这座城市。

希特勒的巴黎一日游包括与建筑师阿尔伯特·施佩尔（Albert Speer，左）和艺术家阿诺·布雷克（Arno Breker，右）在热门地标合影。希特勒承诺每名德国士兵都能去一次巴黎。

上图：德意志第三帝国控制了这座城市之后，德军骑兵沿着香榭丽舍大街骑马慢跑。

作为希特勒重组计划的一部分，巴黎人通过扩音器得知希特勒对他们的期望。从每天晚上 9 点开始到次日凌晨 5 点将实施宵禁。对帝国的任何敌意都是不能容忍的：有任何挑衅或破坏行为都将被处以死刑。帝国的各个部门随后在城市里环境最宜人的建筑中设立了总部；许多高级党员，如赫尔曼·戈林（Hermann Göring）和约瑟夫·戈培尔（Joseph Goebbels），霸占了房屋作为自己的办公室；其中一栋建筑还被征用作为维希政府的"大使馆"，维希政府由贝当领导，原则上负责巴黎以外的行政管理。受到法国人的憎恨和纳粹的蔑视的维希政府即将负责帮助清除该市最不受欢迎的居民。最臭名昭著的建筑之一是位于柳林街 11 号的盖世太保总部，外面的街道上可以听到审讯室的尖叫声。

纳粹并没有隐瞒他们的种族政策，更令占领者感到惊讶的是很多巴黎人自愿成为纳粹的帮凶迫害该市的犹太人。大巴黎纳粹宣传部在党卫军军官库尔特·利希

"巴黎人通过扩音器得知对他们的期望。"

卡（Kurt Lischka，热爱使用酷刑的暴力虐待狂）的监视下设立总部后，该市的许多报纸开始支持纳粹主义。利希卡曾在1938年柏林水晶之夜后负责驱逐3万名犹太人，现在他负责解决巴黎的"犹太人问题"，他领导了对8万名法国犹太人的驱逐和随后的谋杀，其中4.3万人来自巴黎。

利希卡以反犹新闻短片开始他的宣传活动，向电影观众解释法国的崩溃是犹太人、共济会成员、共产主义者、罗姆人（即吉卜赛人）、同性恋者、黑人和其他各种"外国佬"造成的。《犹太威胁》(The Jewish Peril)和《侵蚀者》(The Corrupter)等电影描绘了目光贪婪的犹太角色策划推翻欧洲社会。

类似的主题出现在名为"犹太人与法国"(Le Juif et la France)的展览中，其

《犹太人去死》

由小说家让·德罗编辑的《皮洛里报》(Au Pilori)是一份巴黎通敌报纸，它呼吁读者通过向编辑或当局发送信件来谴责他们的犹太邻居。这种立场之所以成为可能，是因为维希政府废除了1939年4月的《马尔尚多法令》（该法令禁止媒体宣传反犹太主义）。作为众多支持迫害犹太人的大众巴黎日报和周报之一，《皮洛里报》率先提出"必须立即逮捕和驱逐所有犹太人以解决犹太人问题，无一例外"。以下材料来自1941年的《皮洛里报》，出现在《犹太人去死》的标题下：

犹太人去死！所有虚假、丑陋、肮脏、令人厌恶的混血尼格罗犹太人去死！……因为犹太人不是人，是发臭的畜生……我们保卫自己免受邪恶和死亡——因此也反对犹太人！……犹太人去死！邪恶、两面派的俄国犹太人去死！犹太人的争论去死！犹太人高利贷者去死……对！我们要重复！让我们重复一遍！去死！去！死！犹太人！（《皮洛里报》，1941年）

下图：1941年，第三帝国通过第一次围捕加强了对犹太人的迫害，如图所示。

中大部分是基于乔治·蒙坦顿（George Montandon）的作品，他是巴黎学院人类学教授，也是文章《如何识别犹太人？》（How to Recognize a Jew？）的作者。超过20万人次参观该展览，展览的总体主题是揭示犹太人对法国生活的腐败影响，包括军事、电影、经济和文学。展览还提供了刻板印象中的犹太人图像，以便观众将来能够更好地识别犹太人，展览解释说，法国犹太人经常躲在他们的里维埃拉（Riviera）宫殿里。

迫害开始

除了1940年的反犹宣传外，还有一系列限制犹太人权利的法律。他们被禁止进入某些餐馆和公共场所，不允许使用电话或自行车，不能成为执业律师或医生，也不能拥有商店。维希政府也加入进来，成立了一个委员会，委员会剥夺了1万多名犹太人的国籍。

纳粹对巴黎的计划依赖于法国当局的积极援助，警方于1941年对犹太人进行

下图：这家巴黎餐厅橱窗里张贴告示禁止犹太人进入。

了第一次围捕，声称是针对"犯罪分子"，这是在1941年8月年轻的巴黎共产主义者示威之后发生的，当时他们与士兵发生混战并交火，因此，维希政府赋予自己处决共产主义者的新权力。示威的两个组织者亨利·戈特罗（Henry Gautherot）和塞缪尔·泰泽尔曼（Samuel Tyszelman）被判处死刑并被枪杀。

然而，这只是真正报复的前奏。1941年8月20日，纳粹下令围捕犹太人，称他们应该对第十一区的示威活动负责，第十一区被认为是共产主义活动的温床。关闭道路和当地地铁站后，2500名维希警察开始逮捕在纳粹《犹太档案》（Fichier Juif）上18～50岁的犹太人，这是一份所有居住在法国德占区犹太人的登记档案。警察有权逮捕他们在街上发现的任何犹太人，如果无法找到名单上的姓名，则可以逮捕其最近的男性亲属。

"警察有权逮捕他们在街上发现的任何犹太人。"

两天之内，4230名犹太男子被捕并被运送到德朗西（Drancy）镇，即现在的巴黎东北郊区。在这里，一座原本打算用作现代公寓的未完工塔楼变成了拘留营。1942年至1944年，将近7万名犹太人从德朗西镇被驱逐到欧洲各地的集中营。他们中的大多数人在大屠杀的主要组织者之一阿道夫·艾希曼（Adolf Eichmann）的秘密命令下被送往波兰德占区的奥斯维辛集中营。

德朗西镇预示着被拘留的犹太人即将到来的恐怖结局。第一批被拘留者于1941年8月抵达，当时他们处于极度痛苦和茫然的状态。一些在家中被捕的人有时间收拾一些行李，但其他不幸的人被从街上带走，一无所有。德朗西镇也没有充足的供应：没有毯子，床垫也很少，大多数人睡在光秃秃的水泥地上。

"德朗西镇预示着被拘留的犹太人即将到来的恐怖结局。"

规定允许德朗西镇被拘留者每两周给家人写信，但禁止私人探访，书籍也被禁止。德朗西镇还有其他规则，但由于没有写在任何地方，囚犯们只有违反了才知道那些规则是什么。维希卫兵的残忍很快流传开来，看守们以反犹太人为荣，他们乐于用警棍殴打囚犯，包括女性，她们曾一度被关押在德朗西镇。一名犯人回忆说，一名警卫用警棍用力殴打一名四岁女孩，使她昏迷不醒。

另一项惩罚是坐牢（La Gnouf）：一个3米×4米（10英尺×13英尺）的牢房，里面塞了30名囚犯，没有坐下或躺下的空间，只有一个水桶作为马桶。被拘

上图："犹太人与法国"展览的海报，这是一场基于法国教授乔治·蒙坦顿作品的反犹太主义展览。

跨页图：犹太囚犯被送上前往巴黎郊外拘留营的火车，包括皮蒂维耶（Pithiviers）和博讷－拉－罗朗德（Beaune-la-Rolande）。最臭名远扬的营地是德朗西镇一座未完工的塔楼。

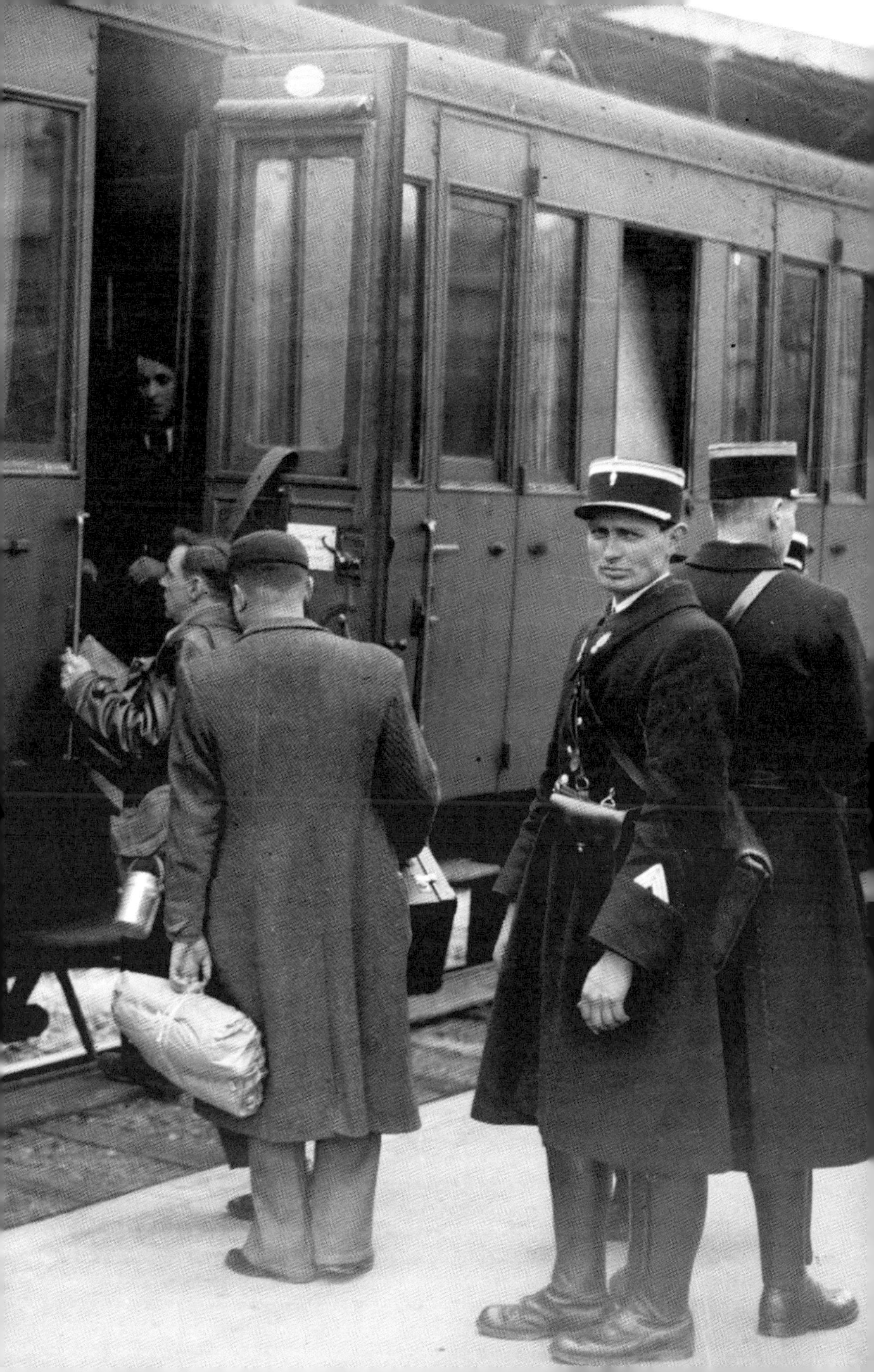

留者因在厨房工作时偷菜等罪行会被判处两天徒刑，那些被发现在牢房里吸烟的人会被判一个月徒刑。

点名是一种在纳粹集中营中使用的臭名远扬的酷刑，也被用于德朗西镇。在点名时，囚犯被要求在各种天气下站立数小时，然后根据看守的心情再次点名。所有囚犯必须参加点名，那些病得不能站立的人被用担架抬出。

一名囚犯指出，如果有足够的食物，所有这一切都是可以忍受的。在德朗西镇的最初几个月，被拘留者每天得到两小碗清汤、150 克（5 盎司）面包和 200 克（7 盎司）未去皮的蔬菜。随着战争的进行，配给变得越来越少，饿死变得司空见惯。

德朗西镇最严格的规定之一是，当党卫军上尉西奥多·丹内克（Theodor Dannecker）来访时，禁止向窗外看。阿道夫·艾希曼对 27 岁的丹内克上尉灭绝犹太人的无情决心印象深刻，于是亲自聘请他监督巴黎的"最终解决方案"。虽然库尔特·利希卡的工作是向巴黎人保证摆脱巴黎

下图：第一批犹太人抵达德朗西镇的拘留营。德朗西镇第一次向被拘留者使用了诸如点名等酷刑，这些手段在纳粹集中营中被广泛使用。

的犹太人，但真正做到这一点的是丹内克，他将自己围捕并驱逐该市 2.8 万名犹太人的计划称为"春风行动"，他希望"春风行动"将提供一个可用于德国其他欧洲城市的原型。

团结之星

巴黎的犹太人佩戴黄星对非犹太居民产生了奇怪的两极分化影响。一些人很高兴所谓的敌人公开露面，但许多人发现，在电影和"犹太人与法国"展览中被严重歪曲的犹太人实际上看起来和他们一样。对于其他人来说，黄星是法国共和制自由、博爱和平等价值观的对立面。地下报纸呼吁团结任何佩戴黄星的人。巴黎犹太人报告说，他们在街上得到了支持的微笑和陌生人出奇的友好，而其他人则更进一步，开始佩戴自己的星星，这些佩戴星星的人通常会用自己的话来修饰它们，例如"佛教徒""祖鲁人"或"Goy"——意第绪语中的"非犹太人"。然而，这小小的火苗很快就被扑灭了，那些被发现戴着星星的人被逮捕并受到惩罚，而其他人则被运送到德朗西镇，再也没有出现过。

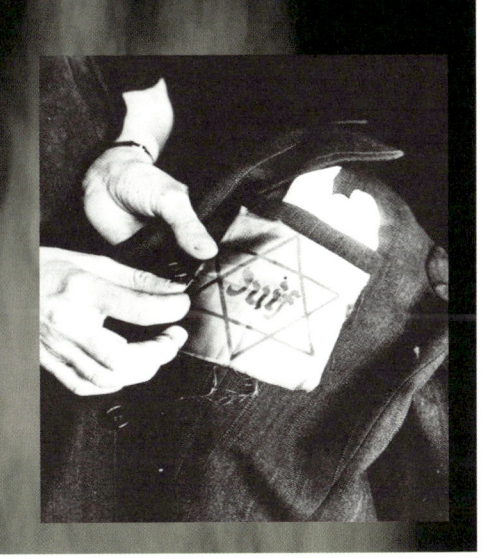

右图：从 1942 年 7 月起，所有巴黎犹太人都必须佩戴黄色的大卫星。

1941 年 8 月的围捕只是丹内克计划的第一步，他显然因为被关押在德朗西镇的犹太人太少而感到恼火。当他在柏林结婚时，德国军方以健康为由释放了数百名德朗西镇被拘留者，这让他更加恼火。丹内克的"春风行动"计划不得不升级。

1942 年 7 月，有关犹太人权利的新法令颁布了。从那时起，犹太人被禁止进入所有主要街道、电影院、图书馆、公园、餐馆和咖啡馆，只允许在下午 3 点和下午 4 点之间购物，因为纳粹知道那时可购买的东西已经不多了。此外，所有六

上图：德朗西镇的被拘留者使用提供给他们的设施进行洗涤。

岁以上的犹太儿童都必须在衣服上佩戴黄色的大卫星。然后丹内克下令进行另一次围捕。这将涉及比以前更多的人数，包括妇女、儿童和成年男性。

冬赛馆事件

1942年7月16日凌晨4点，巴黎的绿色公共汽车和蓝色警车开往该市犹太居民最多的地区。携带被拘留犹太人名单的是900个法国维希警察小组，他们两三人一组工作，还雇用了暴徒来增加他们的人数。警方受到严格指示，要在无视抗议、争论或健康状况的情况下找到和识别犹太人并逮捕他们。等待在交通工具旁的武装警察被告知如果有人试图逃跑就开火，正如其中一位武装警察后来回忆的那样："我们被告知如果有人有最轻微的逃跑企图，就向人群开枪。这就是冲锋枪的用途。"

警察队在前门猛烈撞击，其他人用斧头砍门。受害者的反应也各不相同：有的人装了一个小袋子，里面装着允许的"毯子、毛衣、一双鞋和两件衬衫"，然后悄悄地离开了；其他人则哭着扑倒在抓捕警察的腿上，恳求不要把他们带走。与1941年的围捕一样，如果无法找到列表的其中一个人，则找另一个人代替。对一些犹太人来说，这简直是难以承受，100多人选择自杀而不是被拘留。

在13152名被捕的犹太人中，有7500人被拘留在冬季自行车竞赛馆，即巴黎人熟知的冬赛馆。然后更多犹太人加入，直到这个数字达到8160。其中大约4000人是犹太儿童。其余的犹太人被带到德朗西镇，现在那里只是被驱逐出境之前的一个拘留营，囚犯要么死在那里，要么被转移到集中营，没有人会在那里待太久。1942年7月16日围捕的人中，7月19日有879人坐上开往奥斯威辛集中营的运牛车，其中有375人直接去了毒气室。1942年7月19日至11月11日，29878名犹太人被驱逐出德朗西镇，大多数人则在抵达时被谋杀。

冬赛馆条件完全不人道：那里的12个马桶很快就被堵住了，被拘留者被迫靠墙排泄；封闭的体育场没有空气流通，热气和恶臭很快变得让人难以忍受；水源被切断了，唯一的食物就是红十字会送来的稀汤——但不是每个人都有。

下图：在1942年7月的围捕之后，被运送到冬季自行车竞赛馆的人的罕见照片。

歇斯底里的情绪很快传遍了整个体育馆：一名红十字会护士报告说，人们挤在一起，没有地方躺下；小孩和大人都边哭边尖叫；有些人似乎直接被逼疯了；有人看到几捆奇怪的衣服从看台上掉下来，但仔细一看，原来是那些自杀的人。

冬赛馆中的犹太人被关押了五天。在此期间，有婴儿出生，有妇女流产，许多人因脱水而濒临死亡。几天后，一群巴黎消防员奉命前往冬赛馆进行安全检查。消防员不知道将面对什么，他们被里面的情况吓坏了。许多被拘留者向消防员寻求帮助或求他们帮忙给亲人寄信。数百封信件就是通过这种方式从冬赛馆偷运出来的。一些消防员还违反命令，为被拘留者打开软管，仁慈地为他们提供了片刻的水。

"发放了配给卡，但这并不能保证有食物；商店空空如也。"

1942 年 7 月 19 日至 22 日，冬赛馆的因犯被装上火车运送到巴黎南部皮蒂维耶和博讷－拉－罗朗德的拘留营。从这里开始，大部分人将被送往奥斯维辛集中营，但即使是丹内克也对未经艾希曼授权将幼儿送往集中营的想法感到紧张，因

丹内克的失败

"春风行动"被纳粹认为是失败的，因为丹内克打算在围捕期间将 2.8 万人从巴黎驱逐出境，但最终抓获的人数还不到这个数字的一半。他们认为许多人是在前一天晚上听到了突袭的风声逃离了巴黎。艾希曼也认为丹内克失败了，于是丹内克 1942 年年底被召回柏林，尽管对巴黎犹太人的驱逐一直持续到 1944 年。这份 1942 年丹内克给维希警察局长勒内·布斯凯（René Bousquet）的备忘录里提出了提高被抓捕人数的方法：

"最近逮捕巴黎无国籍犹太人的行动只抓捕了大约 8000 名成年人和大约 4000 名儿童。但目前，用于驱逐 4 万名犹太人的火车已经由帝国交通运输部准备就绪。由于暂时无法将儿童驱逐出境，因此准备驱逐的犹太人数量相当不足，所以，必须立即开始进一步的针对犹太人的行动。为此目的，除了迄今为止被视为无国籍的前德国、奥地利、捷克、波兰和俄国犹太人外，还可以考虑比利时和荷兰国籍的犹太人。但必须预料到增加这一类别后抓捕的人数依然不够，因此法国别无选择，只能将 1927 年之后，甚至 1919 年之后加入法国国籍的犹太人包括在内。"（阿道夫·艾希曼的审判文件，1961 年。）

上图：皮蒂维耶是前往奥斯维辛等纳粹死亡集中营的巴黎犹太人的拘留营。小说家伊莱娜·内米洛夫斯基（Irène Némirovsky）就是这些被拘留者之一。

此，当皮蒂维耶和博讷-拉-罗朗德的营地被清空时，孩子们留在了那里。维希卫兵的工作是把孩子和他们的母亲分开，他们用警棍和步枪枪托做到了这一点。

1942年7月底，艾希曼命令丹内克将孩子们从皮蒂维耶和博讷-拉-罗朗德驱逐出境，其中大多数人被送到了德朗西镇。在这里，他们每120人挤进一个房间，躺在几个脏床垫上。由于给孩子们吃的白菜汤引起腹泻，床垫很快就被弄脏了，晚上，一整屋120个孩子一起醒来，然后一起哭的情况非常常见。几天后，孩子们被驱逐到集中营，并被新的一群人取代：他们没有一个会回来。

据估计，有9000名巴黎人参与了丹内克的"春风行动"，这是一场残暴的罪行，许多人说法国社会从未认真解决过这一问题。1995年，法国总统雅克·希拉克（Jacques Chirac）为维希政府在围捕中所扮演的角色道歉；在离被拆除的冬赛馆曾经矗立的地方几米远的墙上，挂着一块纪念8160名受害者的牌匾。

反击

即使对于那些公开与德国人合作的人来说，被占领时的生活也并不容易。在1940年至1941年的冬天，食物很少，纳粹将每个公民的口粮减少到每天1300卡路里，这样他们就可以把自己的橱柜装满。纳粹发放了配给卡，但这并不能保证有食物；商店常常空空如也。一些巴黎人开始饲养鸽子和兔子以度过冬天。其他日常用品很快就会和过去一样，成为奢侈品：皮革供应减少后，鞋底是用木头制成的。

随着时间的推移，人们意识到在第三帝国统治下永远不会有平等。巴黎及其公民只是另一种用完后就被丢弃的"资源"。很明显，即使是非犹太巴黎人也是二等公民。一位名叫雅克·邦塞尚（Jacques Bonsergent）的年轻工程师卷入了与一名德国士兵的深夜混战。圣诞节前夜，邦塞尚在瓦莱里昂山要塞（Fort Mont-Valérien）被行刑队处决时，全城震惊。对许多人来说，对帝国的反抗就是从那一

给被占领者的小贴士

让·特克西尔（Jean Texcier）的《给被占领者的建议》（*Conseils à l'Occupé*）是一本小册子，包含33条如何消极抵抗纳粹的建议，这些小册子被塞进了城市各处的信箱。尽管处于非暴力抵抗的低水平，但据报道，这本小册子在普遍的黑暗中提供了一丝微光：

◆ 他们是入侵者。要有礼貌，但不要友好，不要急于顺应他们，从长远来看，他们不会回报你。

◆ 如果其中一个人用德语称呼你，请表示困惑并继续前进；如果他用法语称呼你，你也不一定要听懂他的意思。

◆ 他们走过来使你蒙羞，研究橱窗而不是看着他们。

◆ 如果他向你要火，给他一支烟。人类历史上没有人拒绝过点烟的火，即使是最传统的敌人也是如此。

◆ 表现出优雅的冷漠，但要克制你的愤怒，因为你会需要它。不要有任何幻想：这些人不是游客。

（让·特克西尔，《给被占领者的建议》，米尔顿·丹克译）

刻开始的。妇女们不服从命令,在宣布邦塞尚被处决的海报下放了鲜花,当这些花被移走时,更多的花被放置在海报下。

希特勒在 1941 年对苏联宣战后采取了更直接的行动。宣战后,他立即失去了许多亲俄法国共产党人的支持,许多年轻的共产主义者坚信未来会有一个社会主义国家,并且似乎不害怕为了实现这个目标而采取暴力行动。皮埃尔·费利克斯·乔治(Pierre Félix Georges)就是这样的共产主义者,他趁着纳粹军官阿方斯·莫泽(Alfons Moser)在巴贝斯-洛舒雅地铁站等火车时,冷静地从背后向阿方斯·莫泽开枪。人群包围了乔治以保护他并让他逃脱。反击开始了。

一些小型抵抗组织开始在巴黎附近运作,通常与戴高乐和他在伦敦的自由法国政府合作。其中一个"戴高乐主义者"小组,即人类博物馆小组,对巴黎人对占领者普遍的冷漠和怯懦感到震惊。1942 年,它出版了一份著名的报纸《抵抗》(*Rèsistance*),号召巴黎人站出来对抗侵略者。其他宣传品,包括记者让·特克西尔的《给被占领者的建议》,就如何最好地实现这一目标提供了建议。然而,维希政府的成员于 1942 年潜入了人类博物馆小组,其成员被处决。抵抗组织在第三帝国及其合作者的监视下运作是一件极其危险的事。

随着 1943 年希特勒在战争局势中开始转向劣势,抵抗占领者的行动增加了。自由射手和法国游击队(Francs-Tireurs et Partisans,FTP,也叫法国义勇军)等共产主义团体开始对德国人和维希政府进行一系列暗杀和破坏活动。在与苏联的战争中被击败后,希特勒将一切归咎于共产主义者,他对巴黎共产党人的报复迅速而残酷。据估计,近 1.1 万名巴黎抵抗战士在二战期间被处决,其中许多人在蒙瓦莱里城堡被处决,另有 5000 人被驱逐到集中营。

随着盟军进入法国的可能性增加,许多通敌者改变了立场,其中一些甚至来自被鄙视的法兰西民兵——维希政府的准军事组织,旨在打击巴黎抵抗运动并协调犹太人的驱逐行动。驱逐行动将持续到巴黎解放。由于所有可用的德国人力都被借调到前线作战,3 万法兰西民兵被留在巴黎执行他们的命令。该组织身着蓝色夹克和贝雷帽,以比盖世太保更偏法西斯主义而闻名。但到 1944 年,他们的人数增加了:城市的解放开始了。

解放巴黎

1944年8月，警察罢工，反对纳粹的起义开始。这是许多警察在战后为了保全自己的颜面而采取的愤世嫉俗的行为，但其他工人也加入进来，很快街上就发生了战斗。按照历史悠久的巴黎传统，在贝尔维尔、梅尼蒙当和圣马赛尔这样的左翼区，人们拆除铺路石并筑起路障。一场自发的巴黎起义已经开始。

在迪特里希·冯·肖尔蒂茨（Dietrich von Choltitz）上将的指挥下，德国人向城市的热点地区派遣了坦克和装甲车。肖尔蒂茨直接受希特勒命令，希特勒进一步陷入疯狂，要求不惜一切代价保卫巴黎，但如果不能实现这点，那么这座城市将不得不被摧毁。为了执行这个命令，肖尔蒂茨准备了装满海军鱼雷和烈性炸药的爆破卡车，运往该市最珍贵的建筑。希特勒还提出派送一门卡尔臼炮到巴黎，卡尔臼炮是有史以来最大的自行火炮，沿袭了第一次世界大战巴黎炮的传统。卡尔臼炮可用于发射2.5吨重的炮弹，射程超

下图：图中走在前面的约瑟夫·达南德（Joseph Darnand）是维希合作者的领导人，军事组织法兰西民兵的创始人，后来成为德国党卫军军官。他于1945年被处决。

过 9.5 千米（6 英里），并曾在 1944 年毁灭华沙中使用，它能够一击摧毁整座建筑；幸运的是，它不会向巴黎开炮。

德国人无法重新控制这座城市。肖尔蒂茨极度缺乏人手镇压起义，他 1.6 万人的驻军规模与抵抗运动人员的规模大致相同，但纳粹只拥有四分之一相当规模部队的武器和弹药。巴黎人现在对占领者产生了盲目的仇恨，事实证明，对德国人的暴力具有传染性。投机取巧的战士在人行道上行走时不会表现出任何不满的迹象，但当德国人转身时，他们会拔出左轮手枪并围捕一小群德国人。一些人在德国汽车下扔燃烧弹，而另一些人则在阳台上为战士加油。

下图：解放巴黎战役开始于 1944 年 8 月 19 日，当时法国抵抗运动成员袭击了留在该市的德国士兵。近 1000 名抵抗运动战士在战斗中丧生。

很快，三色旗从西堤岛建筑物的顶部飘扬起来，抵抗战士已经把它建成了一个被路障保护的堡垒。与此同时，盟军在诺曼底登陆后，戴高乐正向巴黎疾驰而来，他害怕纳粹一离开巴黎，共产党人就会建立一个公社，这也正是共产党人的

想法。戴高乐说服了监督盟军进入欧洲的美国将军艾森豪威尔（Eisenhower）留下法国装甲师以解放巴黎。艾森豪威尔默许了，还派出美军第四师协助完成任务。

与此同时，德军开始从巴黎撤离，并带走了巴黎的主要通敌者，包括贝当和其他维希官员，以及所有可以运输的巴黎战利品。随着城市沦陷，希特勒重复了他的命令，巴黎的任何建筑物都不能留下："这座城市不能落入敌人的手中，除非已经是一片瓦砾。"据说希特勒亲自打电话给肖尔蒂茨确认此事，对着电话大喊："巴黎已经开始燃烧了吗？"另一种说法是希特勒问他的参谋长阿尔弗雷德·约德尔（Alfred Jodl）："约德尔，巴黎开始烧了吗？"肖尔蒂茨本人后来报告说，他意识到希特勒疯了，所以他不会服从这样的命令。据说，他反而在莫里斯酒店吃完午饭后，走到外面投降了。

1944 年 8 月 25 日，雅克 - 菲利普·勒克莱尔（Jacques-Philippe Leclerc）将军率领的法军从南部进入巴黎。巴黎是由法国人解放而不是美国人解放的，这对戴高乐来说是一个巨大的政治恩惠：他将作为巴黎的救世主和法兰西共和国临时政府的新领导人进入巴黎，不会有共产主义公社。不论如何，巴黎终于再次回到法国手中。

上图：戴高乐与抵抗运动领袖乔治·皮杜尔（Georges Bidault，左）在解放后的巴黎游行。皮杜尔曾两度当选总理，但后来因反对戴高乐的阿尔及利亚政策而被迫流亡。

大清洗

城市一解放人们就开始对与纳粹通敌者进行报复。被称为"野蛮清洗"（épuration sauvage）的报复行动采取了处决、公开羞辱和袭击可疑通敌者的形式，其暴力热情自18世纪90年代恐怖统治以来从未见过。间谍、警方线人、法兰西民兵成员和所谓的"卧式通敌者"（collabos horizontales）——与纳粹有过性关系的女性——首当其冲。

成群结队的巴黎人围捕这些女性通敌者，剥光她们的衣服并袭击她们，然后剃光她们的头发。有时，这些暴徒在妇女身上画上或烙上纳粹字符；其他时候，他们会烧掉她们所有的头发，在她们身上涂满沥青并粘上羽毛来惩罚她们，或者寻找其他方式来糟蹋她们的身体。巴黎最著名的一个女性通敌者是阿尔莱蒂（Arletty），因在战时与纳粹分子过着上流社会生活，她被拖到街上，据报道她的乳房被割掉。人们认为，多达2万名女性因通敌而受到惩罚，尽管一些数据估计，其中只有不到一半的女性真正实施了通敌行为。

被剃掉头发的女性通敌者开始戴头巾遮住头，这也成为她们犯罪的标志。可怕的巧合是，拉文斯布吕克（Ravensbrück）和其他集中营的妇女因为防虱子而被剃掉头发，她们返回巴黎后也开始戴头巾。另一个意外是，为纳粹军官服务的妓女没有被剃光头，因为有人认为她们只是在做自己的工作。

"野蛮清洗"主要是街头暴徒实施的未经批准的暴力行为，而"依法净化"包括在法庭上对通敌者进行的审判。1945年，菲利浦·贝当在一个这样的法庭上因叛国罪被判处死刑，后来改判为无期徒刑。通常，那些等待审判的人被关押在德朗西镇和冬季自行车竞赛馆。从1944年到1951年，官方共调查了30万起通敌案件，6763人因叛国罪和类似罪行被判处死刑，但实际被处决的只有791人。相比之下，"野蛮清洗"中被行刑的人数被认为约1万。

许多被杀害的人的尸体被扔进塞纳河，在那里它们漂浮到水面上并堆在河岸上，就像巴黎的第一任主人巴黎西人牺牲的尸体一样。许多尸体被绑在石灰岩上，双手反绑在背后，但大多数情况下，岩石的重量不足以让尸体沉没。这种处决方法臭名远扬，是法国义勇军的标志，义勇军是最早拿起武器反对占领者的共产党之一。法国义勇军在乔治·伊士曼牙科研究所（Institut Dentaire George-Eastman）

对女性通敌者（与德国人发生过性关系的法国妇女）的公开羞辱。其他的羞辱方式包括被脱光衣服、烙上烙印、浑身涂满沥青并粘上羽毛。

的地下室对通敌者进行秘密审判，该研究所在被占领期间用作纳粹医院。其他非法法庭设在街角和停着的卡车后面。

有多少无辜者在大清洗期间被杀不得而知，就像无法知道谁因谣言、怨恨或其他算计而被杀一样。在街道一级，在对被告的审判中没有使用任何关于通敌的法律定义。巴黎充满了猜疑：名单被制定出来，就像罗伯斯庇尔的"大恐怖"一样，没有人对可能出现的敲门声感到安全。许多人觉得他们仍然生活在被占领之下。

下图：维希政府领导人、前战争英雄菲利浦·贝当因与纳粹勾结而被判处死刑，后改为有期徒刑。1951年他死于狱中。

巴黎至暗时刻

最后，大清洗并没有给巴黎带来任何结束感：许多人对以他们的名义实施的暴行感到恶心，并对那些不公正的受害者感到内疚。除此之外，令人感到愤怒的是，如此多显然有罪的人能够逍遥法外，无论是通敌的巴黎人还是纳粹分子。然后，当报纸报道和照片显示奥斯维辛集中营等灭绝营发生的恐怖事件时，巴黎人不得不反思他们对成千上万被围捕并送去毁灭的犹太公民的同谋、不作为和漠不关心。巴黎在战前时期表明，其仇外心理和反犹太主义普遍而强烈。现在，在屠杀结束时，它处决了那些帮助过这些意识形态最恶毒支持者的人。也许这是巴黎最黑暗的时刻；有争议的是，它太容易被遗忘了。

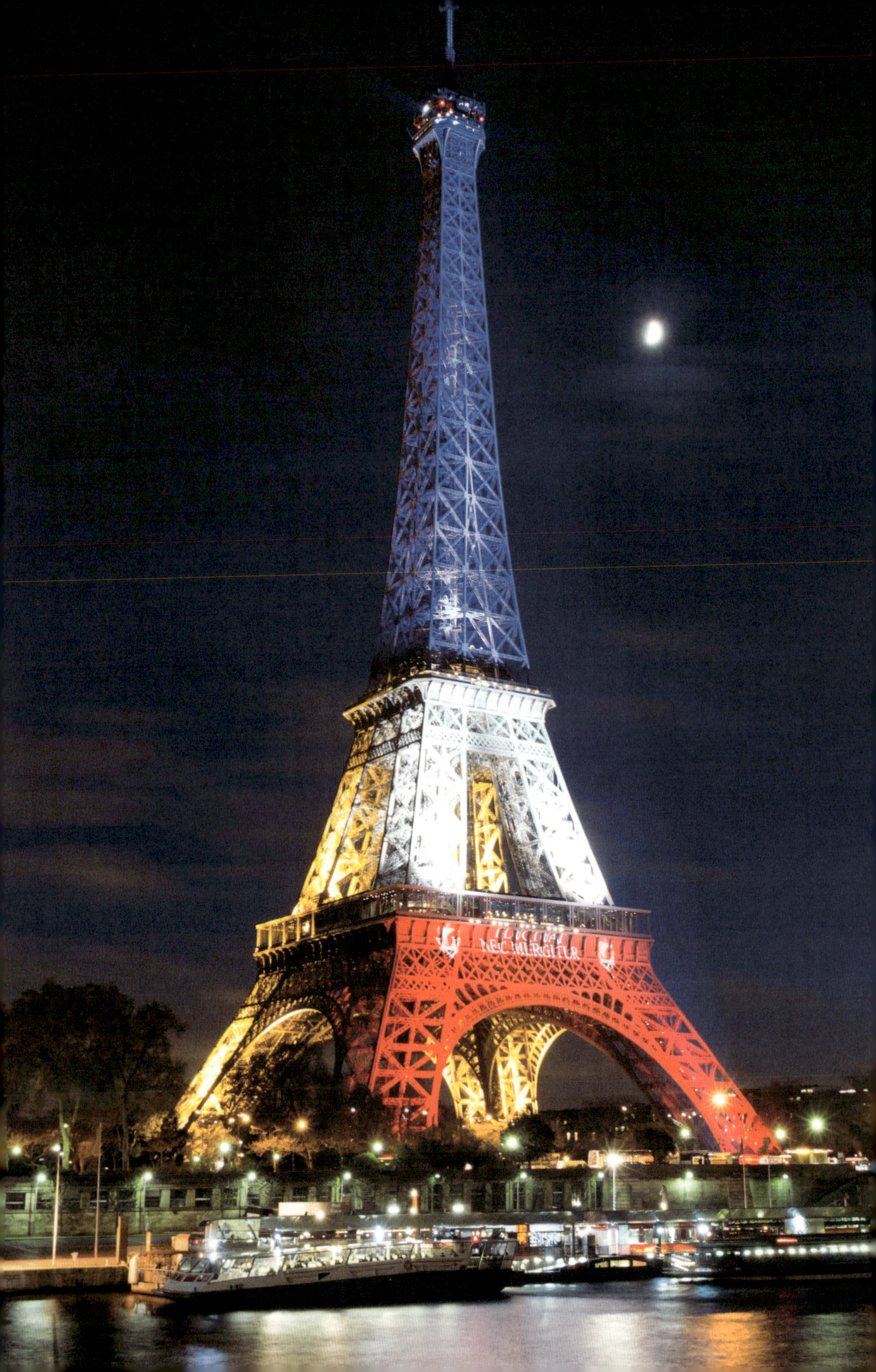
NEC MERGITUR

8

现代巴黎

现代巴黎受到法国殖民历史产生的一种新型暴力的困扰。法国殖民地的独立斗争导致了首都街头的战斗。同样，21世纪的恐怖袭击不仅源于遥远的冲突，还源于城市自身危机四伏的郊区。

对页图：2015年恐怖袭击之后，埃菲尔铁塔以红、白、蓝三色灯点亮。世界各地的建筑物都被这样照亮，包括塔桥和帝国大厦。

可以说，现代巴黎的血腥历史始于 1958 年 5 月的那场危机，即法国将军在阿尔及尔（阿尔及利亚首都）发动的那场有计划的政变。军方和各种政界人士认为，党派政治干扰了他们在为期四年的阿尔及利亚独立战争中镇压叛军。为了阻止阿尔及利亚独立，将军们命令法国阿尔及利亚军团的伞兵占领科西嘉岛，然后空降到巴黎。复出行动将控制政府并要求戴高乐回归。5 月 24 日，科西嘉岛迅速且无流血地被占领。国民议会听到这条消息后，立即投票决定让戴高乐重返巴黎。现在人们期望这位二战的伟大英雄能够一劳永逸地解决阿尔及利亚问题。

战争始于 1954 年，当时法国的殖民地正逐渐独立。这不是一个愉快的过程。在暴力胁迫下，法国被迫放弃了在东南亚、摩洛哥和突尼斯的殖民地。然而，阿尔及利亚不会轻易被放弃。"二战"结束时，法国曾向阿尔及利亚承诺更大的自治权；当这没有实现时，阿尔及利亚民族解放阵线（National Liberation Front，FLN，以下简称民阵）开始了游击战。作为争取阿尔及利亚独立的武装派别，民阵想要建立一个伊斯兰阿尔及利亚国家，并承诺"将战争带回法国"。因此，大规模的城市独立战争不仅发生在阿尔及尔的街道上，而且发生在民阵犯下恐怖行为的巴黎街道上。

到 1954 年，巴黎警察和阿尔及利亚人之间的关系已经很紧张。1947 年至 1953 年，数以万计的阿尔及利亚移民移居巴黎，以填补战后劳动力短缺，许多巴黎人

上图：在抗议政府参与阿尔及利亚独立战争的过程中，退伍军人和学生推翻了一辆送货车。

戴高乐凯旋,以解决阿尔及利亚难题。为此,这位总统将授予自己类似君主的新权力。

担心阿拉伯民族主义蔓延。20 世纪 50 年代初期，北非的数次阿拉伯团结街头示威发展为暴力事件。1953 年，一群阿尔及利亚人在一次此类示威中被枪杀。

警察局长莫里斯·帕蓬（Maurice Papon）成立了反暴警察大队（Brigade des Agressions et Violences，BAV），他后来因在纳粹占领期间驱逐犹太人而被判入狱。反暴警察大队鼓励种族主义和暴行，并配备了一种新的防暴警棍（bidule），众所周知，它可以造成致命打击。反暴警察大队经常与可怕的法兰西共和国保安队（Compagnies Républicaines de Sécurité，CRS）一起工作。

暴力事件不仅发生在警察和阿尔及利亚武装分子之间，还发生在郊区的各个阿尔及利亚派系之间，尤其是在警察不敢去的第十八区古得多（La Goutte d'Or）街区。20 世纪 50 年代，约 60 名警察在巴黎街头战斗中丧生，数百人受伤。

戴高乐凯旋，以解决阿尔及利亚难题。为此，这位总统将授予自己类似君主的新权力。这就是 67 岁的戴高乐 1958 年重返巴黎时的情况。然而，如果阿尔及尔的将军们希望他为暴力镇压阿尔及利亚民阵开绿灯，那他们就错了。最后，戴高乐将推动阿尔及利亚的自治。

现代巴黎的起义

戴高乐复出那年，民阵在巴黎的暴力活动愈演愈烈。这是对阿尔及利亚本土暴力升级的回应，尽管戴高乐飞往阿尔及尔并含糊地向阿尔及利亚人民表示"我理解你们"（Je vous ai compris），但实际上并未真正结束法国的敌对行动。

在巴黎，7000 名警察在 1958 年举行了自己的示威活动，因为他们认为自己没有足够力量镇压阿尔及利亚人的抵抗。在极右翼国民议会议员让－玛丽·勒庞（Jean-Marie Le Pen）的怂恿下，2000 名示威者在议会会址前游行，高呼"（阿尔及利亚）叛军去死！到塞纳河里去！"。两个月后，四名警察在民阵炸弹袭击中丧生，因此，莫里斯·帕蓬下令逮捕 5000 名阿尔及利亚人，他们随后被拘留在前维希政府犹太人拘留中心，包括冬季自行车竞赛馆。

1961 年，民阵在 8 月至 10 月杀害了 11 名法国警察，导致帕蓬宣布在晚上 8 点 30 分到早上 5 点 30 分对所有"阿尔及利亚穆斯林工人""法国穆斯林"和"阿尔及利亚的法国穆斯林"实行宵禁。这是一个可笑的要求，因为居住在巴黎的 15

万名阿尔及利亚人被认为是法国公民，并持有法国身份证。民阵呼吁巴黎所有阿尔及利亚人游行抗议。1961 年 10 月 17 日，3 万至 4 万名手无寸铁的阿尔及利亚男女老少向国民议会进发。他们遭遇了震惊巴黎其他地区的警察暴力。示威期间，帕蓬命令他的 1 万名警察封锁进出城市的所有出入口，然后逮捕了大约 1.1 万名抗议者。抗议者被运送到各个拘留中心，遭到殴打，并被拘留了几天，没有得到任何医疗护理或食物。被拘留的阿尔及利亚人中有摩洛哥人和突尼斯人，他们通过参加游行表示了他们与阿尔及利亚人的团结。

国王的宪法

1946 年，戴高乐戏剧性地辞去了法国领导人的职务，使法国落入第四共和国手中：在戴高乐回归之前，26 个不稳定的政府来来去去。作为回归的条件，戴高乐要求获得 6 个月的紧急权力，并引入新的总统宪法，赋予他类似君主的权力。根据新的宪法，总统有权解散国民议会，通过全民公决直接号召法国人民，并行使全权。当一名记者指责戴高乐有权侵犯公民自由时，他愤怒地反驳道：

"我那么做过吗？恰恰相反，当自由消失时，我重建了自由。谁能相信我会在 67 岁开始成为独裁者？"

哲学家让-保罗·萨特（Jean-Paul Sartre）公然反对戴高乐并批评阿尔及利亚战争，他说：

"当戴高乐坦率地表示不会想到在 67 岁实行独裁时，他只剩下两个简单的选择：放弃权力，或成为独裁者。因为形势决定结果……这个人被自己的伟大所包围，他的孤独使他无论在什么情况下，都无法成为一个共和国家的领导人，或者，归根到底，阻止他将要领导的国家继续成为一个共和国。"

与此同时，大约 5000 名抗议者被警察封锁在讷伊桥（Pont de Neuilly），警察向人群开枪，并高举警棍发起攻击。随着抗议演变成骚乱，警察开始将抗议者扔进塞纳河，许多人溺水身亡。

骚乱结束后，帕蓬策动警方掩盖事实，坚称警方在暴力事件中只杀死了两名阿尔及利亚人。帕蓬后来告诉法庭，其他人死于其他阿尔及利亚人手中。1998 年，一个政府委员会发现有 48 名阿尔及利亚人被警察杀害，有人说多达 200 人死亡。

"肿胀的尸体浮出塞纳河的水面。"

无论如何，巴黎人可以看到许多人溺水身亡：在所谓的"巴黎之战"之后的几周内，肿胀的尸体浮出塞纳河的水面并聚集在河岸上。

上图：一名抗议者在1958年的抗议活动中卷入警察暴力事件。在这个时代，示威者有被警察重伤甚至致死的风险。

接下来会有更多暴力。1962年2月，在民阵反对秘密军事组织（Organisation de l'Armée Secrete，OAS）的示威活动中，有9人丧生，秘密军事组织是一个极右翼准军事恐怖组织，试图阻止阿尔及利亚脱离法国殖民统治。警察再一次导致了死亡，他们攻击民阵并在沙隆地铁站造成了一场踩踏事故，当时成千上万的人试图在里面避难。然后，1962年，阿尔及利亚战争结束：戴高乐准许该国独立。

移民涌入

1962年的《埃维昂协议》允许阿尔及利亚独立，并促成了整个法兰西帝国的殖民地自治协议。根据新的遣返法，许多移民被鼓励移居法国，以填补蓬勃发展的经济产生的岗位空缺。

"二战"后巴黎出现了一波普遍的移民涌入潮，其中包括意大利人、德国人、俄国人和葡萄牙人，其次是来自东南亚、突尼斯、摩洛哥以及西非和北非的前殖

杀死戴高乐

秘密军事组织在1954年至1962年的恐怖浪潮中造成约2000人死亡，其备受瞩目的目标包括民阵支持者让-保罗·萨特和戴高乐。戴高乐最有可能的潜在刺客是让·巴斯蒂安-特里（Jean Bastien-Thiry），他曾是中校。1962年8月22日，巴斯蒂安-特里和一群枪手在戴高乐开车经过小克拉曼（Petit-Clamart）郊区时用机关枪向他的汽车扫射。奇迹般地，戴高乐、他的妻子和一只靴子里的小鸡都幸免于难：尽管雪铁龙DS中了14发子弹，其中两个轮胎被击中，但它仍然能够加速离开。巴斯蒂安-特里是法国最后一个被行刑队处决的人，对他的审判得出的结论是，暗杀企图失败是因为恐怖分子"枪法不好"：在犯罪现场附近的人行道上发现了200多个用过的弹壳。这个片段后来被改编到弗雷德里克·福赛斯（Frederick Forsyth）1971年的著作《豺狼之日》（The Day of the Jackal）中。

上图：抗议者游行反对极右翼的秘密军事组织，该组织企图暗杀戴高乐。

1962年在沙隆地铁站发生的"沙隆惨案"导致九人遇难,数千人参加了葬礼。当警察镇压抗议者时,发生了踩踏事故。

民地成员。到 20 世纪末，外国人约占巴黎人口的 13%，许多区都具有自己的文化特征。第十三区被称为唐人街，有大量越南和柬埔寨人口；许多土耳其人定居在第九区；犹太人定居在第三和第四区的玛莱区（Marais district）；北非人居住在第十八、十九和二十区及其外围郊区；巴黎还建造了数百座清真寺。

然而，住房并没有跟上。到 20 世纪 50 年代，巴黎 25 年来几乎没有建造房屋。80% 的巴黎公寓没有浴室，55% 的公寓没有厕所。许多移民被迫住在由硬纸板、胶合板和波纹铁制成的名为 bidonvilles 的棚户区。因此，政府在郊区建设了一系列大型低收入住房项目。这些住房通常建在远离市场和公共交通的地方，几乎没有便利设施和商店，很快成为北非移民的领地。

20 世纪 60 年代移民增加，加上 20 世纪 50 年代的婴儿潮，引发了郊区的增长热潮。然而，在 20 世纪 70 年代出现了经济低迷——巴黎去工业化导致许多人失业。从那时起，郊区住宅项目作为移民及其后代的贫困陷阱而臭名昭著。20 世纪 80 年代，出生在北非移民郊区的年轻人已经成年，为了反对警察的歧视以及无休止的贫困和绝望循环，这些郊区居民（banlieusards）开始焚烧汽车，袭击警察，并在他们的社区引起普遍的骚乱，这种情况在 20 世纪末愈演愈烈。

1968 年 5 月 8 日

30 年的经济繁荣（Trente Glorieuses），导致 20 世纪 60 年代许多移民来到巴黎，也促成了新城市大学楠泰尔（Nanterre）大学的建设。尽管被称为"模范大学"，楠泰尔实际上由偏远郊区一个单调乏味的校园组成。这里的学生主要是白人资产阶级

上图：20 世纪 50 年代棚户区的兴起直接导致了政府在郊区的低收入住房项目。

学生，与巴黎市中心的长途通勤只是他们面临的问题之一。即使按照过时的保守传统运行，该大学也人满为患。

为了反对这一切，楠泰尔大学学生们于 1968 年 3 月 22 日突然占领了楠泰尔主楼。学生们以 1789 年、1848 年和 1870 年的革命精神为动力，要求教育系统彻底

革命涂鸦

在 1968 年 5 月的抗议活动中，学生们用革命口号涂满了巴黎。其中一些是从以前的革命中借来的，但现在由于电视新闻而受众更广。数百个口号表明了学生对社会的普遍不满，但没有集中精力进行变革。相反，就像 1870 年公社的抗议者一样，这些抗议者想要对社会进行革命性的改革。这正是戴高乐所担心的。一些口号写着：

- "现实一点，要求不可能！"
- "铺路石下是海滩！"
- "当国民议会变成资产阶级剧院时，所有资产阶级剧院都应该变成国民议会。"
- "一切权力都腐败。绝对权力绝对腐败。"
- "教授，你们和你们的文化一样老朽，你们的现代主义不过是警察的现代化。"
- "路障封闭街道，开辟道路。"
- "人类不会幸福，直到最后一个资本家被最后一个官僚的肠子吊死。"
- "我是格劳乔·马克思主义者[①]。"
- "在小教堂的阴影下你怎么能自由思考？"

上图：1968 年的涂鸦上写着"现实一点，要求不可能"。

---

① 格劳乔·马克斯（Groucho Marx）是一名美国演员。

上图：1968年5月，学生在巴黎街头与警察交战。卫星广播立即把抗议活动的图像传遍了世界各地。

改革。相应地，大学关闭了。巴黎拉丁区索邦大学的学生随后继承了楠泰尔大学学生的革命使命，组织了一场游行，抗议楠泰尔大学关闭。1968年5月3日的这场游行面对的是全副武装的警察，当超过20万名学生在索邦大学校园里游行时，他们遭到了法兰西共和国保安队警察挥舞警棍攻击；随后，路障迅速被架起，一场持续的战斗接踵而至，暴力事件以警察接管索邦大学校园而告终。

这是该大学700年历史中第二次关闭，第一次是在纳粹占领期间。具有象征意义的是，这对正在庆祝执政10周年的戴高乐来说是一个打击。对于总统来说更糟的还在后面，因为抗议活动规模变大、变得更加暴力，并最终威胁要让政府屈服。与此同时，全世界的媒体都在关注，卫星广播立即把抗议活动的图像传遍了世界各地——1968年在华沙、罗马、伦敦和美国发生的类似学生抗议活动也一样。

1968年5月10日成为另一个爆发点，一大群人聚集在塞纳河左岸。当法兰西共和国保安队封锁了抗议者的路线时，示威变成了一场骚乱：不出所料，铺路石被掀起以制造路障；燃烧弹被扔给警察；汽车被掀翻并点着；商店橱窗被砸碎；公共汽车轮胎被割伤，汽车倾覆。在破坏过程中，戴着头盔的红十字会工作人员躲在催泪瓦斯烟雾下，为数百名伤亡人员提供急救。当警察用棍子殴打手持铺路石的抗议者时，学生浑身是血的电视画面震惊了全世界的观众。

由于数百名抗议者入狱，1968年5月13日另一次游行发生，呼吁释放他们。政府试图通过宣布释放囚犯和重新开放索邦大学来安抚抗议者，但这并没有阻止抗议活动，现在法国工人也加入了这项事业。到5月20日，超过1000万法国工人（约占法国劳动力的三分之二）参与了罢工。法国工人们的要求包括更高的工资、更好的工作条件以及撤销戴高乐总统职位。作为回应，戴高乐警告他们法国将面临内战并且"处于瘫痪边缘"。与此同时，抗议者冲进巴黎证券交易所并将其点燃，几个小时后大火被扑灭，戴高乐已经逃离法国前往德国。

戴高乐知道他的最后一道防线是军队。他逃到莱茵河，询问驻扎在那里的法国军事领导人是否支持他。得到肯定答案后，戴高乐在法国广播电台宣布，他将解散该国国民议会，并于6月23日举行临时选举。他还命令所有罢工工人重返工作岗位，否则他将宣布进入紧急状态。谣言很快传到抗议者那里，说军队坦克正

下图：法国总工会（CGT）成员于1968年举行罢工。它变成了法国历史上最大规模的总罢工。

在向巴黎开进。

最后，戴高乐的 80 万支持者挥舞着三色旗沿着香榭丽舍大街游行，这场反革命抗议拯救了戴高乐，因此，1968 年 5 月经历了一场从未有过的革命。罢工者重返工作岗位，学生们重返大学。戴高乐以法国选举历史上最大的优势赢得了 6 月 23 日的选举。然而，这是他最后的欢呼，他于次年去世。

新恐怖

20 世纪 80 年代，恐怖分子在巴黎发起了一场新的运动。其中包括 1982 年对犹太戈德堡餐厅的手榴弹袭击和 1983 年在巴黎和马赛之间的火车上发生的爆炸事件。1986 年又发生了几起爆炸事件，包括在香榭丽舍大街的一家购物中心、市政厅、雷诺汽车总部和塔蒂百货公司，其中 7 人丧生。

1995 年袭击升级：7 月 25 日，一枚炸弹在圣米歇尔地铁站爆炸，造成 8 人死亡，80 人受伤；10 月 6 日，一枚气瓶炸弹在白宫区地铁站造成 13 人受伤。然后，

下图：反革命分子挥舞着三色旗，沿着香榭丽舍大街游行支持戴高乐。他将以压倒性胜利赢得接下来的选举。

1996年12月3日，一枚炸弹在皇港站爆炸，造成四人死亡。袭击的幕后黑手是阿尔及利亚的极端组织伊斯兰武装组织（Groupe Islamique Armé，GIA），其目标是在当时阿尔及利亚内战的高潮期间给这座城市带来巨大的恐怖。伊斯兰武装组织希望建立一个伊斯兰国家来代替阿尔及利亚政府，它指责法国政府支持阿尔及利亚政府。其领导人哈立德·基卡尔（Khaled Kelkal）在皇港站爆炸事件后被法国警察追捕抓获并枪杀。

60年代再见

戴高乐选举意味着巴黎革命最后的承诺失效时，20世纪60年代反主流文化的消亡也随着其美国流行偶像詹尼斯·乔普林（Janis Joplin）、吉米·亨德里克斯（Jimi Hendrix）和吉姆·莫里森（Jim Morrison）的死亡而来。莫里森希望他在巴黎能摆脱摇滚明星的身份，成为一名诗人，他在那里度过了他的最后几天。众所周知，他于1971年7月3日在博特雷里斯街公寓的浴室中去世，可能是因为过量服用海洛因。但因为没有进行尸检，没有人可以确定。三年后，他的伴侣帕梅拉·库尔森（Pamela Courson）——莫里森去世时在公寓里的唯一另外一人——也死于吸毒过量。莫里森被安葬在拉雪兹神父公墓，他的坟墓仍然是巴黎最受欢迎的旅游景点之一。

右图：在拉雪兹神父公墓的吉姆·莫里森坟墓，仍然很受欢迎且照料得当。

这些袭击加剧了巴黎与阿尔及利亚移民之间的紧张关系。20世纪90年代是巴黎种族关系的黑暗时期，右翼国民阵线（National Front）大受欢迎，在许多北非郊区也是如此，其他巴黎人认为这些郊区应该对最近的恐怖主义负责。

上图：1982年巴黎戈德堡餐厅发生恐怖袭击后，警方封锁了该地区。

1998年种族关系的一个重要时刻出现，当时法国足球队在法兰西体育场举行的世界杯决赛中出人意料地击败了巴西队。法国足球队长齐内丁·齐达内（Zinedine Zidane）一夜成名。他的形象被投射到凯旋门上，下面写着"谢谢你，齐祖"（Merci Zizou）。100万不同阶层的巴黎人为庆祝胜利而自发走上街头，彻夜不眠地唱着《马赛曲》，并狂饮香槟。然而，齐达内本人是阿尔及利亚血统，在马赛郊区长大。在经常被媒体描述为法国萎靡不振的十年之后，"齐达内效应"被誉为法国新文化宽容时代的开始。国家足球队本可以支持这种新的兄弟情谊，因为许多"彩虹队"成员都是移民后裔：尤里·德约卡夫（Youri Djorkaeff）是亚美尼亚人，利利安·图拉姆（Lilian Thuram）来自瓜德罗普，帕特里克·维埃拉（Patrick Vieira）来自塞内加尔，以及齐达内是阿尔及利亚人。国民阵线领导人让－玛丽·勒庞用"非原产"形容这支法国足球队就够了，因为队伍里高卢白人太少了。

然而，当法国队在美国"9·11"事件后不久与阿尔及利亚比赛时，通过足球实现种族和殖民和解的想法没能实现。这场比赛从一开始就陷入了暴力的泥潭，齐达内和其他法国球员被指控为伊斯兰事业的叛徒。阿尔及利亚球迷在看台上高呼"乌萨马·本·拉登万岁"，然后在终场哨响前15分钟闯入球场。让－玛丽·勒庞在当年晚些时候的总统选举中赢得了17%的选票。

更糟糕的事情还在后面。2005年，在阿尔及利亚人口众多的克利希苏布瓦（Clichy-sous-Bois）郊区爆发了数晚骚乱。两名青少年在变电站躲避警察时触电身亡后，数群年轻人放火烧车、投掷炸弹并与警察发生冲突。内政部长尼古拉·萨科齐（Nicolas Sarkozy）在视察现场时被投掷石块和瓶子，这进一步加剧了郊区居民与政府之间的紧张关系。萨科齐向克利希苏布瓦的居民建议，应该用高压水龙头把犯罪猖獗的郊区"清理干净"，并称对骚乱负责的"暴民"是"坏疽"和"人渣"。

萨科齐派法兰西共和国保安队增援以平息持续的骚乱，但骚乱蔓延到巴黎周边的其他郊区，包括该市南部的格里尼。在连续14个晚上的暴力活动之后，骚乱平静下来，然后平息了。这场骚乱中有两人被杀，2888人被捕，造成2亿欧元的损失。

"在连续14个晚上的暴力之后，骚乱平静下来，然后平息了。"

自骚乱开始以来，雅克·希拉克总统在他的第一次演讲中承诺要彻底改造郊区并为其年轻人提供新机会。然而，在2016年，巴黎郊区的居民告诉来访的记者，郊区几乎没有什么变化。

战争中的城市

2015年，巴黎遭受了现代最严重的两次恐怖袭击。1月份，三名枪手在一家犹太超市内屠杀了讽刺杂志《查理周刊》的编辑人员和里面的其他顾客。11月，9名恐怖分子用手榴弹、冲锋枪和自杀式爆炸腰带在该市各地发动了一系列有组织的袭击，在咖啡馆、餐馆和巴塔克兰剧院杀害了130人。

袭击发生后，法国总统弗朗索瓦·奥朗德（François Hollande）宣布进入紧急状态，称"法国处于战争状态"。这些袭击引发了人们的许多疑问，包括巴黎土生土长的伊斯兰极端主义在巴黎的角色以及没有社会归属感的年轻人变得激进的问题。

戴安娜之死

20世纪后期巴黎历史上另一个值得注意的时刻是英国威尔士王妃戴安娜的致命车祸。作为英国文化偶像，戴安娜在躲避狗仔队摄影师的高速追逐时因司机亨利·保罗失去对车辆的控制而死亡。她与丈夫查尔斯王子关系疏远，并与她的情人多迪·法耶兹（Dodi Fayed）一起死于车祸。调查发现这起事故是严重疏忽和酒驾造成的，尽管多迪·法耶兹的父亲穆罕默德·法耶兹（Mohamed Al-Fayed）——巴黎丽兹酒店和伦敦哈洛德百货公司所有者——指控军情六处和爱丁堡公爵暗杀了戴安娜。戴安娜的死在英国引起了极大的悲痛。超过3200万人在电视上观看了她的葬礼。

右图：阿尔玛桥隧道中戴安娜王妃的汽车残骸，1997年。

赛义德·库阿齐（Saïd Kouachi）和谢里夫·库阿齐（Chérif Kouachi）是阿尔及利亚血统的兄弟，他们在第十九区长大，他们因为一则受争议的先知穆罕默德漫画攻击《查理周刊》；一些人认为《查理周刊》的这则讽刺漫画是亵渎神明，可判处死刑。这对兄弟受到当地清真寺一名宗教领袖的煽动，他们在试图加入叙利亚的圣战组织后被捕入狱。在弗勒里－梅罗吉斯（Fleury-Mérogis）监狱，兄弟俩与他们未来的同伙——来自格里尼（Grigny）郊区的第二代马里移民阿米蒂·库利巴利（Amedy Coulibaly）和指导该组织的国际恐怖分子德贾梅尔·贝格哈尔（Djamel Beghal）——关押在一起。2011年，赛义德·库阿齐在阿拉伯半岛接受恐怖组织（基地组织）的培训，后者通过与比利时黑社会的联系帮助他在巴黎购买了冲锋枪和火箭榴弹发射器。

2015年1月7日，库阿齐兄弟强行闯入《查理周刊》办公室，处决了11名正在召开早间编辑会议的员工。库阿齐兄弟自称是也门基地组织的成员，并大喊："我们已经为先知穆罕默德报仇，我们已经杀死了《查理周刊》！"兄弟俩在向外面的一名警察开枪后，乘坐接应的汽车逃跑了。两天后，兄弟俩在巴黎边缘的一家印刷厂被发现，他们在那里劫持了一名人质。当兄弟俩跑出大楼时，警察的围攻以一阵子弹结束。与此同时，在文森门站的一家犹太超市也发生了类似的围攻，第三名恐怖分子阿米蒂·库利巴利在那里也劫持了人质并杀死了四人。

下图：在克利希苏布瓦郊区第五晚的暴力事件中，抗议者呼吁尊重、正义和宗教宽容。

11月13日星期五

10个月后，发生了更严重的暴行。11月13日星期五晚上，三个恐怖分子小组开始在巴黎各地发动有组织有系统的袭击。晚上9点20分，第一群人瞄准了正在举行德法足球比赛的法兰西体育场，约8000名观众中有弗朗索瓦·奥朗德和德国总理安格拉·默克尔，但三名携带自杀式爆炸腰带的恐怖分子无法进入体育场，转而在场外引爆了腰带，造成一名观众死亡。几分钟后，在城市另一头的第十一区，一辆黑色车辆中的枪手开始向外面的咖啡馆和餐馆顾客开枪。在这些袭击中，有39人丧生，28人受伤，其中恐怖分子引爆了与法兰西体育场使用的相同的爆炸腰带。

晚上9点40分，三名恐怖分子进入巴塔克兰，这是一个可容纳1500人的音乐会剧院，死亡金属之鹰乐队正在那里举行一场座无虚席的演出。随着"阿拉胡阿克巴"（伊斯兰教大赞辞，意为"真主至大"）的呼喊，恐怖分子在大厅周围散开，向人群开枪、投掷手榴弹、向人们进行无差别扫射。一些幸存者

上图：警察和法医小组封锁了《查理周刊》办公室下方的街道。

设法从两个紧急出口逃生，爬上屋顶并躲在大楼的厕所和办公室里。

扫射了20分钟后，武装警察在外面聚集时，恐怖分子劫持了大约100名人质。有人听到其中一人用法语大喊："这是因为奥朗德对全世界穆斯林造成的所有伤害。""伊斯兰国"极端组织（ISIS）后来声称对袭击负责，称这是回应法国在叙利亚和伊拉克对伊斯兰国目标进行空袭。凌晨0点20分，警方侦查行动队（Brigades de Recherche et d'Intervention，BRI）的一个战术单位冲进了大楼。事后发现他们在袭击中使用的全长金属盾牌被击中27次。警方后来说，当他们进入大楼时，他们以为自己是在水中行走，但结果却是血。三分钟内，所有恐怖分子死亡，其中一人引爆了他的爆炸腰带，恐怖分子夺走了89条生命。袭击结束了。

巴塔克兰枪击案目击者

这份巴塔克兰枪击案的目击者叙述来自当时在剧院内的法国欧洲第一电台记者朱利安·皮尔斯（Julien Pierce）：

"两三个没戴面具的男子带着卡拉什尼科夫式自动步枪进来，开始盲目地向人群射击……持续了10～15分钟。场面异常暴力，掀起了一阵恐慌，四面八方的每个人都朝着舞台奔跑。那是一场奔逃，甚至我也被踩踏了。我看到很多人被子弹击中。枪手时间很多，他们至少重新装填了三次子弹。他们没有蒙面，知道自己在做什么，他们还很年轻。到处都是尸体。那是场大屠杀。"

上图：死亡金属之鹰乐队成员杰西·休斯和戴夫·卡奇参观巴塔克兰剧院遇难者的纪念碑。

走向未来

在犹太超市与警察对峙中被枪杀之前，恐怖分子阿米蒂·库利巴利冷静地给自己做了一个三明治，并告诉人质："我出生在法国……如果他们没有袭击国外的穆斯林，我就不会在这里。我告诉你只是为了让你知道发生了什么。会有更多像我一样的人，还会有更多人。"

他的话引起了可怕的反响。10个月后，法国再次受到攻击。2016年7月14日，弗朗索瓦·奥朗德本打算宣布解除11月实施的紧急状态，"伊斯兰国"极端组织却在那天对尼斯市发动了袭击。在袭击期间，一名极端分子在巴士底日烟花汇演时驾驶一辆卡车冲向人群，造成84人死亡。然后，仅仅12天后，两名声称效忠"伊斯兰国"的青少年冲进了诺曼底的一座教堂，割断了一名85岁神父的喉咙。

这是教会第一次成为法国恐怖主义袭击的目标，上一次鲜血洒在神圣的土地上已经是几个世纪前了。几个世纪前，天主教徒和新教徒在宗教战争中的暴力最终导致了如今对法国如此重要的世俗主义政策。1905年正式确定政教分离，当时天主教的热情高涨，"圣母升天会"用报纸《十字架报》宣传法国"种族"，反对共和主义的观念——人类是由所有人组成的。

在现代，政府的世俗主义政策被称为 laïcité，是2004年在学校禁止穆斯林头巾和2010年全面禁止蒙面的背后原因——一项禁止佩戴穆斯林面纱和罩袍的法律。政府痴迷于世俗主义，相信它可以弥合所有差距，在人与人之间创造普世主义，不管是什么宗教。其他人则认为，禁止戴头巾反而会孤立穆斯林并激起教派仇恨。

《查理周刊》的漫画家正是以世俗主义的名义嘲弄了先知穆罕默德。2015年袭击事件发生后，巴黎和世界各地的数千人支持"我是查理"（Je suis Charlie）的口号，以表示他们的团结，许多媒体将其描述为争取自我表达自由的口号，其他人则认为，这不是一种积极的法国价值观的表达，而是一种集结将袭击归咎于移民的右翼分子的方式。一些人甚至认为，通过故意挑衅和用漫画讽刺阿拉伯人，《查理周刊》的漫画助长了同样由右翼传播的仇恨文化。

右翼确实很快就利用了文化和宗教分歧。玛丽娜·勒庞的父亲让-玛丽·勒庞过于反犹太而被开除，在这之后她成为国民阵线领导人，在2015年11月的袭击事件后获得了广泛支持。玛丽娜·勒庞说"必须阻止移民涌入"，称法国的身份认同受到穆斯林文化的破坏。令许多左翼人士感到震惊的是，几个世纪来一直困扰着巴黎历史的反移民仇恨呼声可能会淹没宽容和

下图：尼斯市一名恐怖分子在巴士底日烟花汇演后用来撞倒行人的卡车。挡风玻璃上的弹孔显示警察试图阻止司机。

《查理周刊》屠杀事件引发了巴黎的悲痛情绪。"我是查理"成为全世界使用的团结口号。

suis

"凶手通常在巴黎的贫民窟出生长大。"

博爱的共和理念。

此外,反移民争论往往忽略了一个事实,即许多实施恐怖袭击的人实际上是法国公民。《查理周刊》袭击者被巴黎《解放报》(*Libération*)称为"法兰西的孩子",他们是出生在巴黎的第二代移民,生活在社会边缘。为库阿齐兄弟辩护的律师称他们是在巴黎郊区被煽动的"共和国迷失的孩子"。谢里夫·库阿齐称自己为"贫民窟穆斯林":他在各个照护所长大,几乎没有受过什么教育,做的工作也毫无前途。郊区的那些移民子孙经常觉得自己不是法国人,看不到未来,许多人认为他们现在的挣扎与他们的父母和祖父母刚在法国定居时一样。

一开始,来自阿尔及利亚等法国殖民地的移民被邀请到巴黎来填补劳动力短缺。然后,当工作消失时,他们感到被遗弃在郊区,被留在边缘,无论是象征意义上的还是地理上的。在《查理周刊》袭击事件之

下图:2015年恐怖袭击之后,国民阵线领导人玛丽娜·勒庞的人气上升。勒庞将暴行归咎于移民和伊斯兰教。

后，来自巴黎内部的威胁变得清晰起来：恐怖主义不再有前线。持有法国护照的阿尔及利亚人在自由的巴黎的办公室里进行了屠杀；现在，对于右翼人士来说，所有法国穆斯林都是威胁。共和国价值观受到的威胁似乎很明显：当一位年长的神父在自己的圣坛上被屠杀时，就是以圣战的名义进行的冷血谋杀。一些人认为这是对伊斯兰教的传统宗教战争的复兴，并呼吁进行新的十字军东征作为反击。但杀戮并非凭空而来，凶手通常在巴黎的贫民窟出生长大，他们是法国的一部分，他

上图：在诺曼底圣埃蒂安迪鲁夫赖教堂（Saint Etienne du Rouvray）内被恐怖分子杀害的神父雅克·阿梅尔（Jacques Hamel）的纪念仪式。19岁恐怖分子阿卜杜勒－马利克·帕蒂让（Abdel Malik Petitjean）的身份证显示他是法国公民。

们也是法国的敌人，他们想为历史上的殖民错误和在他们的中东家园进行的超现代西方战争报仇；一些人说他们想要一个伊斯兰国家，但许多人显然是法国未能创建一个包容性社会的牺牲品。

历史继续前进

当然，巴黎在其悠久的历史中曾多次发生暴动和骚乱。巴黎的大斗争——左翼和右翼之间、君主和臣民之间、天主教徒和新教徒之间、原住民和入侵者之间、政府和公民之间——现在又增加了移民怨恨的激烈矛盾。这是一种新的恐怖，与18世纪90年代的革命恐怖完全不同，可能对现有秩序提出更大的挑战。巴黎在火焰和仇恨中爆发：光明之城能否在不牺牲自由、平等和博爱的理想情况下抵抗恐怖？

图书在版编目（CIP）数据

巴黎血色历史 ／（英）本·哈伯德著；陈小红译．
北京：中国友谊出版公司，2024.7. -- ISBN 978-7
-5057-5912-1
Ⅰ．D756.583
中国国家版本馆CIP数据核字第2024QT2213号

著作权合同登记号　图字：01-2024-3265

Copyright © 2017 Amber Books Ltd., London
Copyright in the Chinese language translation（simplified character rights only）
© 2024 Beijing Creative Art Times International Culture Communication Company

This edition of Bloody History of Paris published in 2024 is published by arrangement with Amber Books Ltd. through Copyright Agency of China. Originally published in 2017 by Amber Books Ltd.
本书简体中文版专有版权经由中华版权代理有限公司授予北京创美时代国际文化传播有限公司．

书名	巴黎血色历史
作者	［英］本·哈伯德
译者	陈小红
出版	中国友谊出版公司
发行	中国友谊出版公司
经销	新华书店
印刷	天津睿和印艺科技有限公司
规格	710毫米×1000毫米　16开 15印张　250千字
版次	2024年7月第1版
印次	2024年7月第1次印刷
书号	ISBN 978-7-5057-5912-1
定价	78.00元
地址	北京市朝阳区西坝河南里17号楼
邮编	100028
电话	（010）64678009

如发现图书质量问题，可联系调换。质量投诉电话：（010）59799930-601

出 品 人：许　永
出版统筹：林园林
责任编辑：许宗华
特邀编辑：尹　璐
封面设计：墨　非
内文制作：范　磊
印制总监：蒋　波
发行总监：田峰峥

发　　行：北京创美汇品图书有限公司
发行热线：010-59799930
投稿信箱：cmsdbj@163.com